Bernd Müller

Ball-Grundschule

Bernd Müller

Ball-Grundschule

borgmann

Die Erstellung dieses Buches erfolgte mit Unterstützung des Berliner Instituts für Lehrerfort- und -weiterbildung und Schulentwicklung (ehemals Pädagogisches Zentrum Berlin).

2. Aufl. 2001

Gesamtherstellung: Löer Druck GmbH, Dortmund

Illustrationen: Bernd Mörsberger-Naffin

Bestell-Nr. 8113 ISBN 3-86145-076-3

Inhalt

Inhalt

Einführung

Der Ball ist eines der ältesten Spielgeräte der menschlichen Geschichte. Seit Jahrtausenden hat die rollende, hüpfende, fliegende Kugel Menschen unterschiedlichster Kulturen in ihren Bann gezogen. Die Art seiner Herstellung variierte: im alten Ägypten wurde er aus Lehm geformt und bemalt, in Hinterindien aus Pflanzenfasern geflochten, in anderen Gegenden der Welt wurde er aus Holz gefertigt, aus Tierhaaren gepreßt, aus Tierblasen aufgeblasen ... und schließlich aus Gummi hergestellt. Mit Recht kann man den Ball daher als 'Ursportgerät' bezeichnen. *„Dieses stets nach Bewegung verlangende, rollende Ding mag symbolisches Abbild des schlechthin Vollkommenen und Göttlichen gewesen sein, ohne Anfang und Ende wie die Welt.“*[1]

Die Kugel ist geometrisch gesehen die einfachste und in der Tat vollkommenste Form, die das Augenmerk des Betrachters auf gleichsam 'magische' Weise anzieht: *„Beim Abtasten zeigt sich kein Widerstand. Alles ist rund und geschlossen, und so stellt sich leicht eine Art von Wohlbehagen ein. Dieses Gefühl hat man – wenn auch weniger stark – schon beim Betrachten eines nicht bewegten Balls. Der Blick wandert gemächlich von der uns zugewendeten Mitte in jeder Richtung bis an den Umkreis, wo die Oberfläche sich umbiegt und die 'verborgene' Rückseite beginnt. Dies Bild weckt unsere Einbildungskraft und bewirkt, daß sich die Blickrichtung fortsetzt und die Kugel umgreift. Einem solchen gedanklichen Vorspiel folgt meist die Wiederholung in der Form des wirklichen Greifens und Anfassens.“*[2]

Seine Faszination und seinen unwiderstehlichen Aufforderungscharakter hat der Ball bis auf den heutigen Tag behalten. Öffnet man den Ballschrank und gibt Kindern Gelegenheit zur freien Beschäftigung mit dem Ball, so habe ich bisher noch nie ein mißmutiges Gesicht über dieses Lehreransinnen entdecken können.

Gleichwohl hat sich der Umgang damit in letzter Zeit sehr verändert: Viele Kollegen[3] klagen, daß Kinder heute weniger elementare Erfah-

1 MATHYS, F.K.: Die Ballspiele. Eine Kulturgeschichte. Dortmund 1983, S. 7.

2 MENDNER, S.: Das Ballspiel im Leben der Völker. Münster 1956, S. 13.

3 Aus Gründen besserer Lesbarkeit verwende ich nur die männliche Form. Natürlich sind immer auch Kolleginnen, Lehrerinnen und Spielerinnen mit eingeschlossen, wenn die Rede von Lehrern oder Spielern ist.

rungen in der Handhabung des Balls mit in die Schule brächten, als es früher der Fall war. Ich teile diese Meinung. Gründe dafür lassen sich leicht aufzählen:

- Das Freizeitverhalten der Kinder und Jugendlichen hat sich erheblich verändert (⇨ Fernsehen, Video, Computer-Spiele z.B.).
- In den großen Städten ist das Ballspielen auf der Straße und auf freien Plätzen so gut wie verschwunden. 'Straßenkindheit'[4], wie sie einstmals für die Aufwachsenden selbstverständlich war, scheint es heute in dieser Form nicht mehr zu geben.
- Es bildete sich eine Tendenz zur 'Versportlichung' der Ballspiele bzw. eine *„Versportung des Kinderalltags“*[5] heraus, wie Untersuchungen *„anhand der stark zugenommenen Teilhabe der Kinder am Sportangebot der Vereine oder auch anderer Anbieter statistisch“* belegen.[6]

In der Folge bewirkte die Summe der gewandelten Lebensbedingungen und kindlichen Bewegungsweisen, daß kontinuierliches Spielen mit dem Ball heutzutage zwar vereinzelt in speziellen Räumen, auf Spiel- oder Sportplätzen, vorwiegend jedoch nur noch organisiert in den Vereinen stattfindet!

Diese Entwicklung spiegelt m.A.n. auch die Sportliteratur wider. Beim Stöbern nach geeignetem Material für dieses Thema fiel mir auf, daß thematisch eng umrissene Schriften, die sich einzig und allein um Aufgaben mit dem Ball 'drehen' (und nicht um *Ballspiele*!), nur etwa bis Ende der 60er Jahre publiziert wurden; danach wurde der Ball nicht mehr als eigenständiges Spielmittel behandelt, sondern nur noch in Verbindung mit den Ballspielen – als notwendige Vorbereitung und zur Grundlagenvermittlung für die 'richtigen' Spiele.

Im Zentrum dieser Unterrichtshilfe steht allein der Dialog zwischen dem 'Ich und dem Ball' bzw. 'Ich, mein Partner und der Ball'; es enthält in der Überzahl nur Aufgaben zur Übung. “Um Gottes willen!” höre ich manch einen Kollegen aufstöhnen. In der Tat: in einer Zeit, in der möglichst alles auf *spielerische* Weise dem Kind nahegebracht werden soll – ein ganzes Heft voller Übungsaufgaben?!

---

4 Vgl. ZINNECKER, J.: Straßensozialisation – Versuch einen unterschätzten Lernort zu thematisieren. In: Zeitschr. für Pädagogik, 5, 1979, S. 727-746.

5 ZINNECKER, J. zit. nach LANDAU, G.: Kindliche Spielerfahrung in der Lebenswelt. In: ALTENBERGER, H. / MAURER, F. (Hrsg.): Kindliche Welterfahrung in Spiel und Bewegung. Bad Heilbrunn 1992, S. 55.

6 LANDAU, G., a.a.O., S. 55. Vgl. auch SACK, H.-G.: Zum Verhältnis jugendkultureller Lebensstile und Sportengagement. In: BRETTSCHNEIDER, W.-D. u.a. (Hg.): Bewegungswelt von Kindern und Jugendlichen. Schorndorf 1989, S. 188-205.

Sehr geehrte Leserin, sehr geehrter Leser,
uns interessieren Ihre ganz persönliche Meinung sowie Ihre Interessengebiete. Beides ist für die zukünftige Arbeit unseres Verlages sehr wertvoll. Vorteil für Sie: Über entsprechende Neuerscheinungen werden Sie regelmäßig informiert. Sie erhalten unsere Bücher im Buchhandel oder direkt beim Verlag.

Diese Karte entnahm ich dem Buch (bitte eintragen!):

Aufmerksam wurde ich durch

- ○ Verlagsprospekt
- ○ Empfehlung meines Buchhändlers
- ○ Empfehlung eines/r Bekannten
- ○ Anzeige
- ○ Schaufensterauslage
- ○ Name des Autors
- ○ Pressebesprechung
- ○ Internetrecherche allg.
- ○ Homepage d. Verlages
- ○ Geschenk

Mein Urteil:

9/99

Bitte informieren Sie mich ab sofort über folgende Sachgebiete **(bitte Absender auf der Rückseite nicht vergessen!):**

- **O Psychomotorik / Sport**
- **O Kindergarten / Vorschule / Grundschule**
- **O Frühförderung / Diagnose**
- **O Sonderpädagogik**
- **O Geistige Behinderung**
- **O Pädagogik / Sozialpädagogik**
- **O Ergotherapie/Neurologie**
- **O Geriatrie**
- **O Sprachtherapie / Logopädie**
- **O Pädagogische Psychologie**
- **O Psychotherapie / Verhaltenstherapie**
- **O Familientherapie / Systemische Therapie**
- **O Multimedia (MC, CD, Video)**

Absender:

Name

Vorname

Beruf

Straße

PLZ/Ort

Ich benötige noch den Katalog:

O *Frühjahr*

O *Hauptkatalog*

Antwort/
Postkarte

Bitte
freimachen

Ein solcher Schritt will begründet sein, wenn andere diesem Weg folgen sollen. In Kapitel 1 habe ich dies ausführlich getan. Hier in der Einführung möchte ich den Kerngedanken prägnant zusammenfassend herausstellen:

Mein Anliegen ist nicht nur, die Fähig- und Fertigkeiten im Umgang mit dem Ball (im Hinblick auf die Sportspiele z.B.) zu entwickeln, sondern **in gleicher Weise** die allgemeinen motorischen Fähigkeiten – genauer: **die koordinativen Fähigkeiten** – durch übenden Umgang mit dem Spielgerät Ball zu **fördern**!

Diese doppelte Zielsetzung begründet die umfangreiche Darstellung von Übungsformen: Dem Unterrichtenden soll damit reichhaltiges Material in die Hand gegeben werden, um diese Zielsetzungen mit seinen Schülern auf vielfältige, Spaß und Lernfreude vermittelnde Weise verwirklichen zu können.

Die ausgewählten Übungen sollen den Lehrenden darüber hinaus anregen und unterstützen, seinen Unterricht anders als bisher zu akzentuieren; denn Umdenken im Sportunterricht ist m.A.n. notwendig: Nicht das Vermitteln spezifischer Fertigkeiten zur Einübung in die 'richtigen' Sportarten ist die Hauptaufgabe eines zeitgemäßen Sportunterrichts in der Grundschule, sondern die freudvolle Ausbildung einer breit gefächerten Bewegungsgrundlage, auf der alles weitere Bewegungslernen und -handeln aufbauen kann (vgl. dazu Kapitel 2. und 3.).

Die hier getroffene Auswahl der Übungen stellt natürlich nur eine kleine Palette aus dem unendlichen Meer von Bewegungsmöglichkeiten dar. Begeben Sie sich gemeinsam mit ihren Schülern auf die Reise, um sie auszuprobieren und neue zu entdecken: viel Spaß!

Teil 1

Vorüberlegungen

1. Welche Inhalte und Ziele hat die(se) Ball-Grundschule?

1.1 Doppelte Aufgabe: Koordinative Fähigkeiten und Ball-Fertigkeiten entwickeln

Für viele Kinder:

Der Ball - das unbekannte Wesen

„Viele Schüler können einfach nicht mehr mit dem Ball umgehen. Wann spielen die Kinder heutzutage schließlich noch mit dem Ball, wenn sie nicht gerade in einem speziellen Verein sind.“[7]

Klagen dieser Art kann man heute von vielen Sportkollegen hören.

Ob berechtigt oder nicht – Aufgabe der Grundschule ist es in jedem Falle, eine Grundlage von Fähig- und Fertigkeiten im Umgang mit dem Ball zu vermitteln.

Aber nicht nur, weil die Lehrpläne dies fordern: Mit dem Ball, als einem der motivierendsten Spielmaterialien überhaupt, lassen sich eine Fülle von Aufgaben durchführen, die zugleich die motorische Entwicklung des Kindes fördern und vorantreiben. Gemeint sind die **koordinativen Fähigkeiten**[8], die einerseits als übergreifendes Element der Motorik zu begreifen sind und andererseits – und darin liegt ihre spezifische Bedeutsamkeit für die Grundschule – **als Grundlage für die allgemeine motorische Lernfähigkeit.** *„Die Ausbildung der koordinativen Fähigkeiten ist – nach dem heutigen sportwissenschaftlichen Erkenntnisstand – im wirklichen Wort-*

---

[7] FISCHER, U. / ZOGLOWEK, H.: Hand-Ball-Grundschulung. In: sportpädagogik 6/91, S. 50.

[8] Für Koordination verwendete man früher die Bezeichnungen 'Gewandtheit' und 'Geschicklichkeit'. Vereinfacht ausgedrückt bedeutet Koordination das Zusammenwirken von Wahrnehmungsorganen (= Sinne), Nervensystem und aktiver Muskulatur des Bewegungsapparates innerhalb eines gezielten Bewegungsablaufs. (Vgl. DORDEL, S.: Bewegungsförderung in der Schule. Dortmund 1987, S. 154.)
Wenn für eine Bewegung nur die wirklich notwendigen Muskeln mit der geringstmöglichen Kraft und der kürzesten Anspannung eingesetzt werden, dann spricht man von 'ökonomischer' (= bestkoordinierter) Bewegung.

sinne grundlegend: Mit der Schulung dieser Fähigkeiten wird die Basis gelegt, auf der später alles weitere aufbauen kann.“ [9] (Vgl. 2. und 3. Kapitel)

In der Schulpraxis vernachlässigt: Förderung koordinativer Fähigkeiten

Obwohl über die Bedeutung einer zielgerichteten und systematischen Entwicklung der koordinativen Fähigkeiten Konsens besteht, wird von Autoren zugleich beklagt, daß die praktische Realisierung dieses Konzepts im Schulalltag dem wissenschaftlichen Erkenntnisstand hinterherhinke. [10]

Dabei haben Untersuchungen gezeigt:

- Ein systematisches Training der koordinativen Fähigkeiten (mit den Mitteln des Sportunterrichts) führte bei 8-11jährigen Schülern zu augenfälligen Verbesserungen der koordinativen Leistungsfähigkeit (bis zur Verdopplung des ‘Normalzuwachses’).

Grundschule = beste Gelegenheit zur Förderung koordinativer Fähigkeiten

- Die im jüngeren Schulalter ‘antrainierte’ erhöhte koordinative Leistungsfähigkeit geht im Verlauf der Schulzeit nicht verloren. *„Der erreichte Entwicklungsschub im Unterstufenalter kann ein Entwicklungsvorsprung fürs Leben sein.“* [11]

Die wichtigste Schlußfolgerung aus diesen Untersuchungsergebnissen für den Schulsport lautet, *„die Phase der* ***Herausprägung*** *koordinativer Fähigkeiten stärker als bisher und so vollständig wie möglich für eine Beeinflussung zu nutzen, da es einfacher und effektiver ist, auf die heranreifenden als auf die ausgereiften Funktionen und Fähigkeiten Einfluß zu nehmen.“* [12]

Andere Autoren gehen sogar noch einen Schritt weiter: *„Provozierend kann behauptet werden, daß die Förderung der koordinativen Fähigkeiten Vorrang vor der konditionell-energetischen Förderung und der Fertigkeitsschulung haben.“* [13]

---

[9] JOCH, W.: Im Sport vereint? In: sportunterricht 2/89, S. 49.

[10] Vgl. stellvertretend z.B. HIRTZ, P.: Koordinative Fähigkeiten im Schulsport. Berlin (Ost) 1985, S. 80-81.

[11] HIRTZ, a.a.O., S. 66.

[12] HIRTZ, a.a.O., S. 51.

Ball-Grundschule = Schulung ballspielspezifischer Bewegungsfertigkeiten sowie koordinativer Fähigkeiten

Die vorrangige Zielsetzung dieser Ball-Grundschule ist deshalb nicht auf ein möglichst frühes und einseitiges Entwickeln spezifischer Ball-Fertigkeiten ausgerichtet, um die Kinder auf schnellstmögliche Weise an eines der Großen Ballspiele heranzuführen. Neben der Ausbildung grundlegender Ball-Fertigkeiten (Fangen, Werfen, Prellen; vgl. 4. Kapitel), soll in *gleichberechtigter* Weise die Entwicklung und Förderung einer allgemeinen koordinativen Grundschulung durch Umgang mit dem Ball stehen.

Diese Forderung findet man inzwischen auch in vielen Lehrbüchern für das Kinder- und Jugendtraining in den Ballsportarten: *„Wer Spielfähigkeit entwickeln und die gesamtmotorische Ausbildung fördern will, für den sind der Umfang und die Qualität der koordinativen Ausbildung im Kindes- und Jugendalter vorrangig.“* [14]

Größtmöglichen 'Vorrat' an Bewegungsmustern anlegen

Hintergrund solcher Aussagen von Vertretern des Leistungssports (!) war die Erfahrung, daß durch ein frühzeitiges und gezielt-systematisches Training Kinder einerseits sehr schnell zu einem hohen spieltechnischen Niveau innerhalb der jeweiligen Ballsportart gebracht werden konnten. Auf der anderen Seite jedoch trat im Alter von 14-16 Jahren bei vielen Spielern eine plötzliche Stagnation ihrer Leistungsentwicklung ein.

Die Erklärung dafür: infolge der frühen Spezialisierung wurde die Entwicklung einer breiten koordinativen Grundlage vernachlässigt. Je breiter aber der motorische Grundstock im Kindes- und Jugendalter angelegt wird, desto größer ist der 'Vorrat' an Bewegungsmustern, auf die später der Spieler gleichsam 'zurückgreifen' und damit sein Können erweitern kann.

---

[13] KIRCHEM, A.: Diagnostik motorischer Fähigkeiten und Auswirkungen einer Förderung der Bewegungskoordination im außerunterrichtlichen Unterricht, Erlensee 1992, S. 150.

[14] RICHTER / VOIGT, 1991, S. 55 zit. nach FISCHER / ZOGLOWEK, a.a.O., S. 50.

1.2 Voraussetzungen – oder: Wo beginnt die 'Ball-Grundschule', wo endet die 'Ball-Vorschule'?

Ball-Vorschule = Sammeln 'materialer Erfahrungen'

Mit der Bezeichnung 'Ball-Vorschule' bezeichne ich die wirklich allerersten Erfahrungen des Kindes mit dem Spielobjekt 'Ball'. In der Didaktik hat sich dafür der Begriff *„materiale Erfahrung“* etabliert, mit dem beschrieben wird, *„wie Kinder über Bewegung ihre räumlich-dingliche Umwelt und die Eigenschaften und Gesetzmäßigkeiten der Spielobjekte und Bewegungsgegenstände erfahren.“*[15]

Wer einmal ein kleines Kind bei seinen ersten Begegnungen mit dem Spielgegenstand Ball beobachtet hat, weiß diesen Begriff problemlos mit Bedeutung aufzufüllen: wie es – in unseren Augen – auf tapsig-unbeholfene und linkisch anmutende Art und Weise probiert, dieses runde Ding 'Ball' wiederzuerlangen, das es eben selbst unbeabsichtigt weggerollt hat (und das immer, wenn das Kind sich danach bückt, auf merkwürdig-tückische Weise gegen seine Schuhspitze stößt und 'einfach wegspringt'); welche Schwierigkeiten es ihm allein bereitet, seine Bewegungen auf einen fliegenden oder auch nur vor ihm aufprellenden Ball abzustimmen und ihn mit beiden Händen zu fangen; oder wie die Anfänge eines Fußballers aussehen, der geradeaus schießen will und dennoch mit Sicherheit den neben ihm stehenden Opa trifft.

Bis ein Kind die dynamischen Eigenheiten und besonderen Eigenschaften eines langsam fliegenden Wasserballs und eines schnellen Tennisballs, eines wuchtigen Medizin- und eines federleichten Tischtennisballs, eines Basket- und eines Volleyballs unterscheiden gelernt und begriffen hat – und die verschiedenartigen Bälle kontrolliert handhaben kann –, muß es diese Spielobjekte viele Male durch seine Bewe-

[15] ZIMMER, R. / CICURS, H.: Psychomotorik: Neue Ansätze im Sportförderunterricht und Sonderturnen. Schorndorf 1987, S. 91.

gungstätigkeit be-greifen und damit in erkundend-experimentierender Weise selbständig Erfahrungen sammeln.

Könnensvoraussetzungen für diese Ball-Grundschule

Auch wenn Kinder heutzutage weniger Ballerfahrungen und weniger 'Ballgefühl' mit in den Unterricht bringen: Das Vorhandensein dieser allerersten, elementaren Grunderfahrungen mit dem Material 'Ball' wird hier vorausgesetzt: Ein bißchen den Ball prellen, ihn ein Stück weit werfen und einen anfliegenden Ball schon irgendwie auffangen können – das soll die **Startlinie dieser Ball-Grundschule** bilden.
(⇨ Wo der Unterrichtende Handlungsbedarf für materiale Elementarerfahrungen bei seinen Kindern entdeckt, gilt es ihnen durch entsprechende Ball- und Zeitangebote, die Gelegenheit zum selbstgesteuerten 'Nacherwerb' dieser Fähigkeiten einzuräumen.[16])

Zusammenfassung: drei Zielsetzungen

Ich fasse die bisherigen Ausführungen zur Zielstellung dieser Ball-Grundschule zusammen:

1. An den elementaren Erfahrungen im Umgang mit dem Ball anknüpfen und sie vertiefen;

2. die koordinative Entwicklung fördern und

3. diese gleichzeitig mit der Vermittlung der individuellen Ball-Fertigkeiten, die ein Spieler zur erfolgreichen Teilnahme an einem Kleinen oder Großen Ballspiel benötigt, verknüpfen.

1.3 Schwerpunkt: (Individuelles) Üben mit dem Ball

Aus dem zuletzt Gesagten wurde vielleicht bereits offenkundig, daß im Rahmen dieser Aufgabensammlung *keine Spielformen* aufgenommen wurden. Es werden ausschließlich individuelle Bewegungsformen oder Partneraufgaben zur Übung mit dem rollenden, springenden und fliegenden Ball vorgestellt

[16] Vgl. dazu z. B. DIETRICH, J.: Grundausbildung für die Sportspiele. In: DIETRICH, K. (Hg.): Sportspiele 1985, S. 31ff.

(☞ die mitunter spielerischen Charakter haben können, ohne daß es sich dabei jedoch um 'richtige' Ballspiele handelte).

Bei dem Wort *Üben* mag mancher Leser spontan zusammengezuckt sein und sich gefragt haben, wie man so viele Seiten allein mit Übungen füllen könne. Er verbindet mit Üben möglicherweise 'trockenes', mechanisch-lustloses und stupides Absolvieren von Aufgaben, deren Sinn man nicht erkennt. Und es könnte der Einwand vorgetragen werden, daß Spiele doch wohl die kindgemäßere und motivierendere Lernform darstellten.

Weshalb also die Beschränkung auf Übungen unter der Überschrift 'Ich und der Ball' bzw. 'Ich, mein Mit-mir-Übender und der Ball'?

Ich möchte meine Entscheidung in fünf Gedankenschritten begründen.

Übungen als vereinfachte Handlungssituation

1) Spiele in Gruppen stellen vielfältige und umfangreiche Anforderungen im Bereich der Wahrnehmung, Entscheidung und Motorik.

   Es überfordert Spielanfänger in aller Regel, den mannschaftsbezogenen Ansprüchen des Spiels durch situationsangemessenes Entscheiden und Handeln gerecht zu werden, und dabei gleichzeitig individuell den Ball kontrolliert zu handhaben.[17]

   Es müssen daher vereinfachte, 'anforderungsreduzierte' Handlungsgelegenheiten angeboten werden, in denen Lernende durch individuelles

[17] Anfänger jeglicher Altersstufe haben z.B. Schwierigkeiten, den Ball kontrolliert zu prellen, dabei die Spielübersicht zu bewahren ('Wo steht mein Mitspieler?') und zugleich ihr Verhalten in Bezug auf ihre Gegenspieler situationsangemessen zu steuern. Auf einer dieser Ebenen zeigen sich bei jedem Spielbeginner 'Ausfall-Erscheinungen': Konzentriert er sich auf den Ball, kann er das übrige Spielgeschehen nicht mehr richtig wahrnehmen und übersieht infolgedessen frei oder besser postierte Mitspieler. Richtet der Spieler seine Wahrnehmung hingegen stärker auf die Spielsituation, verliert er aufgrund technisch-motorischer Mängel leicht die Kontrolle über den Ball, so daß dieser ihm einfach wegspringt oder aber leicht vom Gegenspieler weggespielt werden kann.

Üben einen erfolgreichen und freundschaftlichen Bezug zum 'Partner' Ball entwickeln können.

Und besonders für diejenigen Schüler, die in Spielen aufgrund ihrer mangelnden Fertigkeiten oft ein 'Statisten-Dasein' führen oder ganz und gar aus dem 'Feld gehen', kann das Üben eine Möglichkeit eröffnen, sich in ungestörter und intensiver Weise – ihren persönlichen Fähigkeiten entsprechend – mit dem widerständigen Objekt 'Ball' auseinanderzusetzen. Dadurch können sie unter Umständen *die* Sicherheit im Umgang mit dem Ball erwerben, die ihnen auch in Spielsituationen eine neue Qualität des Mitspielens zugänglich macht.

Üben = kindgemäße Lernform

2) Üben ist in gleicher Weise wie Spielen eine kindgerechte Lernweise: Die unglaublichen Mühen und Anstrengungen, die ein Baby vollbringt, bis es zum ersten Mal allein auf beiden Beinen stehen kann, zeugen ebenso davon wie das stundenlange Sitzen des Schulkindes vor dem Computerspiel oder das konzentriert-beharrliche Üben des Zielwurfs auf den Basketballkorb am Nachmittag auf dem Schulhof. In vielen ähnlichen Situationen, vom Kind oder Jugendlichen selbstgewählt und aufgesucht, kann man den *„unerbittlichen Ernst, der nicht nachläßt, bis die Leistung fehlerfrei gelungen ist"* – und der nach BOLLNOW den Geist jeder Übung ausmacht –, beobachten.[18]

Lebendiges Üben bedeutet nicht ein mechanisches, gleichsam roboterhaftes Wiederholen der gestellten Aufgabe in immer ein und derselben Weise. *„Das eigentliche Wesen des Übungsprozesses zur Beherrschung einer neuen Bewegungsfertigkeit besteht in dem allmählich zum Ziel führenden Aufsuchen optimaler Bewegungsverfahren*

[18] BOLLNOW 1978, S. 41 zit. nach: GÜNZEL, W.: Das Handballspiel – Schüler arrangieren Übungssituationen. In: GÜNZEL, W. (Hrsg.): Spiele vermitteln und erleben, verändern und erfinden. Baltmannsweiler 1990, S. 84.

für die Lösung der anzueignenden Aufgabe.“ Bei jedem Üben werden somit die Mittel zur Bewältigung der Aufgabenstellung verändert und vervollkommnet, so daß gelungenes Üben nichts mit ‘Einpauken’ oder ‘Drill’ zu tun hat, sondern als *„ein eigenartiges Wiederholen ohne Wiederholung“* [19] aufgefaßt werden muß.

Der Ball = vollkommenes Übungsobjekt

3) Der Ball stellt ein so vielfältiges, zum selbsttätigen Handeln herausforderndes und lernanregendes Spielgerät dar, daß ich ihn als ein ‘vollkommenes’ Spielmaterial bezeichnen möchte (➪ der Ball = eine ‘runde Sache’!).

Für den intensiven Dialog zwischen dem Übenden und dem ‘Partner’ Ball bedarf es keinerlei weiterer Unterstützung und nur weniger Korrekturen von außen (z.B. durch den Lehrenden):

„Der Ball gibt dem Üben ein kindgemäßes Ziel und macht es abwechslungsreich. Er gibt dem Übenden ein Bild, eine klare Vorstellung und reizt, weil er eine Partnerschaft herstellt, zu immer neuen Versuchen. ...

„Das Kind soll im Ball einen lebendig reagierenden Gegenspieler sehen, der seine Bewegungen ‘anschaulich’ macht, ihm zeigt, ob der Bewegungsansatz richtig oder falsch ist. Der Ball ist ein kritischer Partner, der jeden Fehler ‘spürt’ und registriert. Er ‘klatscht’, wenn er beim Fangen nicht weit oben abgeholt wird; er hopst, wenn wir ihn beim Rollen zu hart aufsetzen usw. ...“ [20]

Je mehr Können der Spieler in seinem Dialog mit dem ‘Partner’ Ball erwirbt, desto mehr Möglichkeiten des Umganges und der ‘Hantierbarkeit’ offenbart der Ball – und desto mehr Anreiz bietet er dadurch dem Übenden, immer noch mehr können zu wollen, als er bereits kann.

---

[19] BERNSTEIN, N.A., Berlin (Ost) 1986, S. 5 zit. nach HOTZ, A.: Kindliches Bewegungslernen als Welterfahrung. In: ALTENBERGER, H. / MAURER, F., a.a.O., S. 112.

[20] SEYBOLD-BRUNNHUBER, A.: Üben und Spielen mit dem Ball. Frankfurt a.M. 1962, S. 8-9.

Übungen ermöglichen (und erfordern) kindgemäße Sinnzusammenhänge

4) Übungen bedürfen eines übergreifenden Sinnzusammenhanges, der Einordnung in ein großes Ganzes, wenn längerfristige Übungsbereitschaft entwickelt und erhalten werden soll. Für Übungen mit dem Ball lassen sich solche kindgerechten Sinnrahmen 'kinderleicht' herstellen:[21]

Sinnzusammenhänge für jüngere ...

- Für jüngere Schüler entsteht dieser Sinnzusammenhang nach meiner Erfahrung in erster Linie durch das *Vorzeigen*, das Präsentieren des Erlernten und eigenen Könnens vor anderen (➪ „Soll ich dir mal zeigen, was ich kann?").

  Ein weiterer Gesichtspunkt kommt hinzu:

  Übungen, bei denen jeder Schüler einen Ball erhält (oder zumindest jeweils zwei Kinder einen), geben ihnen die Chance, das kindliche Bedürfnis nach ***„Ball als Besitz"***[22] auszuleben. Denn Kinder dieser Altersstufe wollen in erster Linie 'ihren' Ball für sich haben, den sie besitzen, den sie beherrschen lernen wollen, damit er ihren Absichten 'gehorcht'.

  Wie stark der erwähnte 'Ballbesitz-Trieb' ist, läßt sich im Unterricht der 1. und 2. Klassen oftmals beobachten. Zwei Beispiele zur Veranschaulichung:

  a) Manche Kinder halten (in freien Lernsituationen z.B.) 'ihren' Ball oft minutenlang fest, ohne sich damit in irgendeiner Weise sinnvoll zu beschäftigen – aus Angst, es könnte ihnen jemand anderer den Ball wegnehmen.

---

[21] All die vom Lehrenden angestrebten Lernziele, die er im Hinterkopf hat, *kann*, muß er aber nicht den Übenden mitteilen. Mitteilungen wie: "Heute üben wir Fangen und Werfen, damit ihr später einmal gut Basketball spielen könnt!" oder "Ihr sollt Geschicklichkeitsaufgaben mit dem Ball lösen, damit ihr euch auch in eurem übrigen Leben geschickt und gewandt bewegt!" sagen Grundschülern wenig mehr als der Satz, daß Paris an der Seine und Kalkutta am Ganges liegt – und erwecken kein kindgemäßes Sinnganzes!

[22] DIETRICH, J.: a.a.O., S. 35.

b) Jedem Unterrichtenden ist die folgende Klage lebendig im Ohr: „Er/sie hat mir meinen Ball weggenommen.“ Der, der sich da bei uns beklagt, kommt nicht etwa mit leeren Händen: unter seinem Arm hat er einen Ball eingeklemmt – von gleicher Größe und Farbe wie der, dessen Verlust er gerade so inbrünstig betrauert. Aber: es ist nicht der richtige, eben nicht ‘seiner’!

... und für ältere Schüler

- Ältere Schüler, für die das oben genannte Motiv des Ballbesitzes ebenso gültig bleibt, haben in der Regel mit dem Objekt Ball bereits stärker Erfahrungen im Zusammenhang von Spielen gesammelt. Der Sinn für weiteres Üben ergibt sich für sie zumeist daraus, im Spiel erkannte Mängel beim Umgang mit dem Ball, die zu einer Beeinträchtigung ihrer Spielzufriedenheit geführt haben, auszugleichen (➪ „Mist, ich kann einfach diesen blöden Ball nicht fangen!“).

  Durch motivierende Aufgabenformen in einer entspannteren Lernsituation, die weniger Anforderungen stellt als diejenige des Spiels, erhalten die Schüler die zum Lernen notwendige Gelegenheit, Fertigkeiten ihrem Bedürfnis und Könnensstand entsprechend weiterzuentwickeln (vgl. Punkt 1).

Üben = adäquate Methode zur Zielverwirklichung

5) Die doppelte Zielsetzung *‘Entwicklung der koordinativen Fähigkeiten’* einerseits und *‘Ball-Fertigkeiten’* andererseits verlangt nach spezifischen Vermittlungswegen, die durch die Tätigkeit des Spielens allein nicht erfüllt werden können (vgl. 3. Kapitel; Stichwort: *‘Üben unter variierenden Bedingungen’).*

2. Worin zeigen sich koordinative Fähigkeiten im Umgang mit dem Ball?

Um den Ball ins Ziel zu treffen, um im Spiel die Übersicht zu bewahren oder um schnell und angemessen auf die wechselnden Spielsituationen reagieren zu können, muß jeder Spieler über bestimmte Grundfähigkeiten verfügen.

Beispiele:

Räumliche Orientierungsfähigkeit

- Er muß die Bewegung des Balls, d.h. dessen Richtung und Geschwindigkeit richtig einschätzen können, um seine eigenen Spielhandlungen in bezug darauf angemessen abstimmen zu können. Weiterhin muß er wahrnehmen, wo sich im Augenblick seine Mit- und Gegenspieler im Spielfeld aufhalten und ebenso, wo die 'Lücke' ist, um zum gegnerischen Tor durchzustürmen. Gefordert ist damit eine *räumliche Orientierungsfähigkeit.*[23]

Kinästhetische Differenzierungsfähigkeit

- Ferner geht es darum, die Kraft der Bewegungen zu dosieren sowie zeitlich und räumlich (⇨ 'Ballgefühl') so abzustimmen, daß der Ball in der gewünschten Weise zum Ziel gelangt (ins Tor oder zum Mitspieler). Wichtig ist auch, bei einem Dribbling nicht vor lauter Ungestüm und mangelnder Bewegungssteuerungsfähigkeit auf einen Gegenspieler unkontrolliert aufzulaufen bzw. ihn einfach umzurennen. Dies gelingt um so eher, je besser die *kinästhetische Differenzierungsfähigkeit* ausgebildet wurde.[24]

Reaktionsfähigkeit

- In vielen Situationen muß ein Spieler schnell und entschieden handeln, um eine günstige

[23] Eine gute Orientierungsfähigkeit ist auch im Alltagsleben von herausragender Bedeutung: Sicheres Verhalten als Verkehrsteilnehmer z.B. wäre ohne diese Fähigkeit undenkbar!

[24] Außerdem beinhaltet *Differenzierungsfähigkeit* die Fähigkeit zur zweckmäßigen Muskelan- und -entspannung.

Spielsituation auszunützen. Dies setzt eine gute *Reaktionsfähigkeit* voraus.

Gleichgewichtsfähigkeit

- Im Kampf um den Ball kommt es häufig zu kleinen Rempeleien zwischen den Spielern. Wer dabei nicht aus der 'Bahn' geworfen werden oder aus dem Tritt kommen will, muß eine gute *Gleichgewichtsfähigkeit* haben.[25]

Rhythmusfähigkeit

- Viele Ballspiele schreiben in ihren Regeln die Beachtung einer Schrittbegrenzung vor. Dies auch im Gedränge und Gewühle eines Spiels zu können, verlangt eine entwickelte *Rhythmusfähigkeit.*

Die hier aufgeführten Fähigkeiten entstammen dem von HIRTZ[26] vorgeschlagenen Konzept zur Strukturierung koordinativer Fähigkeiten. Dieses Modell ist mittlerweile für den Bereich des Schulsports weithin akzeptiert (⇨ was sich an der Vielzahl entsprechender Literatur niederschlägt) und wird auch von mir als Grundlage übernommen.

[25] Gleichgewichtsfähigkeit ist in allen Bereichen unseres Lebens eine bedeutsame Voraussetzung: ob beim Radfahren oder Surfen, beim Fensterputzen auf der Leiter oder allein beim normalen Gehen – ohne diese Fähigkeit wären wir nicht in der Lage, unser alltägliches Leben selbständig zu bewältigen.

[26] HIRTZ, P.: Koordinative Fähigkeiten im Schulsport, a.a.O.

3. Wie werden koordinative Fähigkeiten im Umgang mit dem Ball gefördert?

Unzertrennliches Paar: Entwicklung der Ball-Fertigkeiten und der koordinativen Fähigkeiten

Die Förderung der koordinativen Fähigkeiten im Umgang mit dem Ball läuft parallel mit der Entwicklung der Ball-Fertigkeiten Werfen, Fangen, Prellen usw. Beides ist untrennbar miteinander verwoben: Bei Übungen zum Werfen wird beispielsweise immer die Orientierungs- und Differenzierungsfähigkeit mit entwickelt; und umgekehrt fördern Aufgaben zur Verbesserung der kinästhetischen Differenzierungsfähigkeit (wie z.B. Werfen mit unterschiedlich schweren und großen Bällen auf ein Ziel) im gleichen Augenblick auch die Fertigkeit des zielgenauen Werfens und Zuspielens.

Aber: Viel Üben *allein* reicht nicht zur Koordinationsförderung!

Aber: *„Die koordinativen Fähigkeiten sind ... keine Summe von Fertigkeiten. Sie stehen 'über den Fertigkeiten', ...“* Koordinative Fähigkeiten *„stellen auch* ***nicht das automatische Ergebnis*** *des Erlernens* ***vieler motorischer Fertigkeiten*** *dar,* ***sondern sind durch spezifische Methoden auszuprägen und zu vervollkommnen.“*** [27] (Hervorhebungen B.M.)

Um die Ausformung der Ball-Fertigkeiten sowie die Entwicklung der koordinativen Fähigkeiten auf ein möglichst breites und solides Fundament zu stellen, gilt es folgende Leitlinien bei der Schulung zu beachten:

Schwerpunkte setzen

1. Auch wenn die einzelnen koordinativen Fähigkeiten eng miteinander zusammenhängen, so daß eine eindeutige Zuordnung zu einer Übungsform oft nicht möglich ist, *„sollte doch versucht werden, Übungen so auszusuchen bzw. zu gestalten, daß eine Fähigkeit schwerpunktmäßig geschult wird.“* [28]

---

[27] HIRTZ, a.a.O., S. 16.

[28] FISCHER / ZOGLOWEK, a.a.O., S. 51.

Anforderungen allmählich steigern

2. Die Anforderungen in koordinativer Hinsicht sind allmählich zu steigern, wobei selbstverständlich die individuellen Voraussetzungen der Schüler zu beachten sind.

Auf Gekonntem aufbauen

3. Für die Schulung der koordinativen Fähigkeiten dürfen nur bereits einigermaßen sicher beherrschte Ball-Fertigkeiten verwendet werden. Aber: Die **Aufgaben** sollen herausfordernd-ansprechende, ungewohnte und 'knifflige' Anforderungen stellen und müssen **im Grenzbereich der koordinativen Leistungsfähigkeiten** liegen; d.h. sie sollen für die Übenden nur bei intensiver Konzentration erfüllbar sein.

   Folgendes gilt es deshalb zu beachten:

   - Sind die Fertigkeiten noch nicht genügend stabilisiert und die Übenden müde oder erschöpft, kommt es leicht zu 'Zusammenbrüchen' in der Bewegungsausführung – Mißerfolgserlebnisse, sinkende Motivation und aufkommende Übungsunlust sind zumeist die Folgen, die es unbedingt zu vermeiden gilt.
   - Ein ausgeruhter und entspannter Zustand der nervlichen und motorischen Organsysteme ist eine wichtige Voraussetzung für die Verbesserung der Koordinationsfähigkeiten.

     Koordinative Aufgaben, die nach einem halbstündigen Ballspiel oder in einer siebten Stunde durchgeführt werden, sind denkbar ungeeignete Ausgangspunkte für ein motivierendes und Lernerfolg versprechendes Üben.

     Deshalb: Mit wachen Kindern arbeiten!

Grundprinzip allen Übens: Förderung koordinativer Fähigkeiten

4. Die Schulung der koordinativen Fähigkeiten sollte zu einem Grundprinzip des Übens und Trainierens werden. Bei der Auswahl und Zusammenstellung von Aufgabenformen sollte immer zweigleisig gedacht werden: 'Welche koordinativen Fähigkeiten werden durch diese Übungen zugleich verbessert?'

Das A und O für eine Ball-Grundschule

5. Das wichtigste Mittel zur Verbesserung koordinativer Fähigkeiten im Umgang mit dem Ball ist ein möglichst vielfältiges und abwechslungsreiches Variieren von Übungs- und Spielformen.

   Dieses grundlegende Prinzip läßt sich durch die einprägsame Formel zusammenfassen:

Koordinationsschulung = einfache Bewegungen + erschwerte Bedingungen

   Die Tabelle auf der nächsten Seite zeigt unterschiedliche methodische Maßnahmen zum Variieren von Übungen sowie Aufgabenbeispiele (➪ Übungen zum Fangen und Werfen mit einem Partner).

Ein isoliertes Üben einzelner koordinativer Fähigkeiten ist nicht erstrebenswert und meistens auch gar nicht möglich, weil bei den meisten Bewegungen viele – oder sogar alle fünf Fähigkeitsbereiche gleichzeitig – zusammenwirken.

Ein Beispiel verdeutlicht die Schwierigkeit einer klaren Abgrenzung:

Die abgebildete Übung erfordert gleichermaßen Reaktions-, räumliche Orientierungs-, Rhythmus- und kinästhetische Differenzierungsfähigkeit. Welche Fähigkeit im konkreten Fall dabei in den Vordergrund tritt, hängt von mehreren Faktoren ab:

- individuelle Voraussetzungen des Schülers (➪ persönliche Stärken und Schwächen);
- Art der Bewegungsausführung (➪ Bälle werden im schnellen oder langsamen Tempo, mit viel oder wenig Kraft zugespielt, ...);
- Art der Übungsbedingungen (➪ weiter oder naher Abstand zwischen den Werfern, kleiner oder großer Ball, ...).

Eine strenge Zuordnung der Aufgaben zu einzelnen Koordinationsfähigkeiten ist also nicht gegeben. Damit ist auch eine Auflistung unter der Überschrift „Welche Aufgaben muß ich wählen, um die Gleichgewichtsfähigkeit zu verbessern?“ in dieser Art von Fragestellung nicht eindeutig möglich.

Möglich jedoch ist es, durch entsprechende Aufgabenstellung *einen* koordinativen Bereich jeweils zu betonen und schwerpunktmäßig zu fördern. So wird in Übungen zum Ballprellen insbesondere

- die *Orientierungsfähigkeit* verbessert, wenn es darauf ankommt, auch auf engstem Raum einander nicht zu berühren wie bei der Aufgabe *'Berufsverkehr'* (S. 64);
- die *Reaktionsfähigkeit bei 'Brückenwächter'* (S. 68) stärker betont;
- die *Differenzierungsfähigkeit* hervorgehoben, wenn der Ball in unterschiedlichen Höhen geprellt werden soll (vgl. S. 51);
- die *Rhythmusfähigkeit* geschult, wenn in einem vorgegebenen Rhythmus geprellt werden soll (vgl. Aufgaben auf S. 61-62);
- die *Gleichgewichtsfähigkeit* verbessert, wenn die Übenden beim Prellen gleichzeitig über eine Turnbank gehen müssen (vgl. S. 57-58).

Die beispielhafte Zuordnung einiger Aufgabenbeispiele aus der Übungssammlung (➪ vgl. Tabelle S. 31-32) zu jeweils einer koordinativen Fähigkeit ist vom Wissen begleitet, daß gleichzeitig immer die anderen Fähigkeiten – mehr oder minder – mit entwickelt werden.

Die von mir vorgenommene Einordnung ist darüber hinaus von der subjektiven Einschätzung und Beurteilung abhängig: Ob die hier abgebildete Aufgabe in erster Linie nun die Orientierungs- oder die Differenzierungsfähigkeit anspricht – darüber ließe sich zugegebenermaßen trefflich streiten.

Methodische Variationsmaßnahmen	**Aufgabenbeispiele für Übung:** *Fangen und Werfen mit einem Partner*	**Schwerpunktmäßig geförderte Koordinationsfähigkeiten**
Veränderte Ausgangs- und Endstellung	Zuwerfen aus dem Sitzen, Knien, Liegen	Differenzierung
Variation des Krafteinsatzes	– Veränderung des Wurfabstandes. – Werfen mit unterschiedlich schweren und großen Bällen (z.B. wechselweise mit Tennis- und Gymnastikball).	Differenzierung
Beidseitiges Üben	– Werfen mit der schwachen Seite. – Werfen rechts und fangen einhändig links.	Differenzierung
Kombination mit anderen Übungen	Während des ständigen Zuwerfens wird ein zweiter Ball mit dem Fuß hin und her gespielt.	Orientierung Differenzierung
Veränderte rhythmische Gestaltung	Gleichzeitiges und ungleichzeitiges Zuwerfen des Balles.	Rhythmus
Zusätzliche Anforderungen während des Übens	Während beide sich den Ball zuspielen, müssen sie gleichzeitig über ein Seil springen, das ein Dritter am Boden kreisen läßt.	Orientierung Reaktion Rhythmus
Veränderte Übungsausführung	– Zuspiel mit Anlaufschritten – Aufsetzerzuspiele	Rhythmus Orientierung
Bewegungsausführung nach Reizung des Gleichgewichtsorgans	Beide stehen vor einer Turnmatte und machen nach dem Abspiel darauf eine Rolle vorwärts.	Gleichgewicht Differenzierung Orientierung
Üben bei eingeschränkter oder ausgeschlossener optischer Kontrolle	Beide spielen sich den Ball über eine quergestellte Weichmatte zu, so daß sie erst im letzten Augenblick den Ball wahrnehmen.	Reaktion Orientierung

Methodische Variations-maßnahmen	**Aufgabenbeispiele für Ubung:** *Fangen und Werfen mit einem Partner*	**Schwerpunkt-mäßig geförderte Koordinations-fähigkeiten**
Üben unter ungewöhnlichen Bedingungen	– Beide Partner stehen sich auf umgedrehten Bänken gegenüber. – Beide stehen auf einem Mini-Trampolin.	Gleichgewicht Differenzierung
Üben unter wechselnden und/oder unvorherseh-baren Bedin-gungen	Die ganze Gruppe läuft im Raum umher. Die Partner spielen sich über einen Abstand von ca. 5 m den Ball ständig in der Bewegung zu.	Orientierung
Üben unter Zeitdruck	In einer Minute soviele Zuspiele wie möglich.	Reaktion Differenzierung

Schwerpunktmäßig geförderte Koordinationsfähigkeit	Aufgabenbeispiele	
Orientierungsfähigkeit	• Einen in die Luft, einen auf den Boden	S. 54
	• Linienprellen	S. 55
	• Prellen in der Reifenbahn	S. 57
	• Uwe, ein Ei!	S. 66
	• Verzaubern und Erlösen	S. 69
	• Vorsicht – Oktopussi!	S. 69
	• Fangen mit Drehwurm	S. 76
	• Durch die gegrätschten Beine	S. 77
	• Wo ist der Ball?	S. 78
	• Zwei Bälle fangen	S. 78
	• Drehen vor Fangen	S. 83
	• Zuspiel durch gegrätschte Beine	S. 91
	• Zahlen zeigen	S. 92
	• Zwei auf einen	S. 95
	• Fünf-Stern	S. 96
Reaktionsfähigkeit	• Grätsche übern Ball	S. 76
	• Erdberührung	S. 83
	• Runter und rauf	S. 84
	• Hoch mit dem Fänger	S. 89
	• Aufspringen aus der Rückenlage	S. 89
	• Super-Reaktionstest	S. 93
	• Kunststück	S. 95
	• Ball von hinten	S. 97
Differenzierungs-fähigkeit	• Slalom-Prellen	S. 55
	• Limbo-Prellen	S. 56
	• Begrüßung	S. 67
	• Fangen anders	S. 73
	• Ballbogen	S. 75
	• Rollkur mit Fangen	S. 76
	• Rückenwurf	S. 77
	• Überholen und fangen	S. 80
	• Selbstbeifall	S. 82
	• Einhändig	S. 84
	• Stehaufmännchen	S. 85
	• Klemmball übern Kopf	S. 90
	• Klemmball-Zuspiel	S. 90
	• Meinen werfe ich – deinen fange ich	S. 98
	• Mit verschiedenen Körperteilen	S. 103

Schwerpunktmäßig geförderte Koordinationsfähigkeit	Aufgabenbeispiele	
Rhythmusfähigkeit	• Gleichtakt	S. 53
	• Stereo	S. 58
	• Synchron-Prellen mit Partner	S. 61
	• Prellen im Gleichtakt	S. 61
	• Ballwechsel im Kreis	S. 62
	• Prellen-Wurf-Komposition	S. 62
Gleichgewichtsfähigkeit	• Schuh-Striptease	S. 53
	• Klemmi	S. 56
	• Prellen mit Schiebekampf	S. 67
	• Laufen – drehen – fangen	S. 81
	• Hoch das Bein	S. 82
	• Schienen-Ball	S. 99
	• Kraft-Roller	S. 100

4. Welche Fertigkeiten im Umgang mit dem Ball vermitteln?

Schwerpunkt: Auge-Hand-Koordination

Die dargestellten Übungsformen zum Erwerb bestimmter Ball-Fertigkeiten enthalten schwerpunktmäßig Aufgaben mit der Hand, da in meinem Verständnis für unser gesamtes alltägliches Bewegungshandeln die Fähigkeit zur genauen und sicheren Auge-Hand-Koordination weit bedeutsamer ist als die der Auge-Fuß-Koordination.

Viele der Aufgabenstellungen lassen sich aber problemlos in 'Übungsformen mit dem Fuß' umwandeln, wenn dies vom Unterrichtenden gewünscht wird.

Im Mittelpunkt:

Prellen, Werfen, Fangen und ...

Überläßt man Kindern Bälle zur freien Verfügung, so nutzen sie diese meist zu Grundtätigkeiten wie Prellen, Fangen und Werfen auf Ziele (oder Schießen mit dem Fuß, das hier aber weitgehend vernachlässigt wird). Diese Fertigkeiten stehen auch im Zentrum meiner Unterrichtsvorschläge.

... Ball rollen

Eine Anmerkung noch zum 'Werfen auf Ziele': Diese Aufgabenform beinhaltet wohl eine der stärksten Aufforderungen zum Bewegen mit dem Ball; entsprechend mannigfaltig sind unterrichtliche Anwendungssituationen. Aus Platzgründen beschränke ich mich hier aber auf das besondere *Ziel-Werfen zu einem Partner,* dem der Ball möglichst genau zugespielt werden soll.

Des weiteren werden Übungen zum Rollen des Balls vorgestellt. Besonders jüngere – und mit dem Ball ungeübtere – Kinder beschäftigen sich gern und ausdauernd in dieser Weise mit dem Ball.

Die Begründung ist vermutlich darin zu suchen, daß durch die Beschränkung auf den zweidimensionalen Raum ein leichteres und schnelleres Beherrschen des Balls gelingt.

Aus diesem Grund sollten diese Übungen insbesondere Kindern der unteren Klassenstufen angeboten werden.

Reihenfolge bei Einführung der Fertigkeiten

Die Bevorzugung einer Grundtätigkeit bei Kindern ist, wie bereits angedeutet, abhängig vom Alter: Jüngere Kinder favorisieren das Rollen, ältere das Prellen sowie Werfen mit dem Ball. Entsprechend wird der Lehrende seine Schwerpunkte in den Übungsangeboten setzen – allerdings mit Einschränkungen: Verzichtet man bei älteren Schülern auf Übungen zum Rollen, gehen ihnen damit keine wesentlichen Impulse zur Förderung der koordinativen Fähigkeiten verloren; bei jüngeren hingegen bedeutete ein fehlendes Angebot zum Prellen, Fangen und Werfen eine nicht vertretbare Begrenzung.

Aus diesem Grund ist die Übungssammlung auch nicht in der Reihenfolge des Lerngesetzes „Vom Einfachen zum Schwierigen" aufgebaut, sondern sozusagen 'gegen den Strich', um das Augenmerk des Lesers zunächst gezielt auf die schwierigeren Kapitel des gekonnten Umgangs mit dem Ball zu lenken.

5. Methodische Hinweise

5.1 Übungshinweise für den Unterricht

Übungen nach dem Prinzip der Passung

- Voraussetzung für ein erfülltes und motivierendes Üben ist, daß die Übenden (im vorgegebenen Rahmen des Themas) auf selbstgesteuerte Weise an der Weiterentwicklung ihrer persönlichen Fähigkeiten arbeiten können. Dies fördert und erhält die **Übungsbereitschaft**, ohne die Üben erfolglos bleiben muß.

  Die Anforderungen müssen dabei für den einzelnen auf einem **mittleren Anspruchsniveau** liegen, so daß Erfolg möglich, aber nur durch einen gewissen Grad an Anstrengung auch tatsächlich erreichbar ist.

  (➪ Hinweis an die Übenden: „Die Aufgabe darf für dich nicht zu einfach und nicht zu schwierig sein; sie muß genau dazwischen, in der Mitte, liegen!")

  Das **Erlebnis der gelungenen Leistung** wirkt in positiver Weise rückbestätigend auf die Übungsbereitschaft und entfacht immer wieder die Motivation des Lernenden zum weiteren Üben.

Lernende sich selbst differenzieren lassen

- Als Unterrichtender in der beschriebenen Weise Aufgabendifferenzierungen für jeden seiner 30 Schüler finden und vornehmen zu wollen, ist selbstverständlich blanke Illusion. Der Schlüssel zur Lösung dieses Problems liegt darin, den Schülern selbstbestimmte Spielräume zur **autonomen Differenzierung** zu überlassen.

  Die Übungsgelegenheiten müssen sich deshalb auszeichnen durch ein je nach Situation zu dosierendes Maß an **'Offenheit'**, um Kindern Möglichkeiten zum selbständigen Lernen und Variieren der Aufgaben einzuräumen (➪ vgl. Kapitel 5.2).

Darüber hinaus sind Schüler dazu anzuleiten, subjektiv „zu einfache Aufgaben“ sich selbst zu erschweren, „zu schwierige“ sich hingegen zu erleichtern, wenn sie diese auch nach mehreren Versuchen nicht bewältigen konnten.

Beispiel:

„Wirf den Ball aus vier Meter Entfernung gegen die Wand und fang ihn wieder auf. Ist die Aufgabe für dich zu schwierig, laß den Ball einmal vorher auf dem Boden aufprellen. Ist sie dir hingegen zu leicht, mach es dir schwerer – z.B. dadurch, daß du den Ball mit einer Hand auffängst.“

Übungsprinzip: Vom Einfachen zum Schwierigen

- Zum Gelingen der Übungen ist, ungeachtet der Möglichkeit zur ‘Selbst-Differenzierung’ durch die Lernenden, eine vom Lehrenden begründete Auswahl zu treffen, so daß die von ihm vorgeschlagenen Aufgaben tatsächlich in der Bandbreite des aktuellen Könnens der Lerngruppe liegen. Als Hilfestellung für die erfolgreiche **Passung zwischen Anforderung und Voraussetzung** können dem Lehrer deshalb die folgenden Hinweise dienen, nach welchen Gesichtspunkten die vorliegende Übungssammlung gegliedert ist.

Leitendes Prinzip ist das Befolgen des Weges **vom Einfachen zum Schwierigen:**

1. Von der Übung am Ort zur Übung in der Bewegung

Beispiele:

a) Wird der Ball beim Prellen im Stand senkrecht zu Boden gedrückt, muß er in der Bewegung nun schräg nach vorn geprellt werden, d.h., der Winkel, in dem der Ball zu Boden gedrückt wird, die aufgewendete Kraft und die Laufgeschwindigkeit müssen aufeinander abgestimmt werden.

b) Wird zuerst in eine Richtung geprellt, so erhöht sich die Anforderung durch den Richtungswechsel beim Slalom-Prellen und um ein weiteres durch das ständige Variieren-Müssen des eigenen Laufweges beim Durcheinanderlaufen mehrerer Spieler.

2. Von der Übung mit dem Ball zu Übungen unter Einsatz zusätzlicher Objekte bzw. Umweltgegebenheiten (Wand)

Beispiele:

a) Die anfänglichen Prellübungen erlauben dem Lernenden die volle Konzentration auf die augenblickliche Bewegung mit dem Ball; beim *'Prellen in der Reifenbahn'* hingegen (➪ vgl. S. 57) muß der Übende den kommenden Handlungsschritt bereits gedanklich vorwegnehmen, um den Ball zielgenau in den nächsten Reifen hineinzuprellen (➪ Bewegungsantizipation!).

b) Beim Üben an der Wand (➪ vgl. S. 82) wechselt die Ballrichtung von der Vertikalen (bei den ersten Aufgaben zum Werfen und Fangen) in die Horizontale. Der von der Wand zurückprallende Ball unterliegt anderen physikalischen Gesetzen als zuvor, auf die die Übenden ihr Bewegungsverhalten neu abstimmen müssen.

3. Von der Einzelaufgabe über die Partner- zur Gruppenaufgabe

Beispiel:

Bei Einzelübungen kann der Übende sich ausschließlich auf sich selbst und den Ball konzentrieren. Das Fangen und Werfen mit einem Partner erfordert darüber hinaus das Wahrnehmen des Übungspartners – das eigene Handeln ist nunmehr auf beide abzustimmen. Noch schwieriger sind Gruppenaufgaben: Hierbei muß der einzelne seine Bewegungen an mehreren Bezugspunkten gleichzeitig orientieren.

➪ Die drei Merkmale zur Untergliederung der einzelnen Ball-Fertigkeiten ergeben dort, wo es möglich ist, durch Kombination neue Stufen der Herausforderung – wie zum Beispiel *'Übungen zum Prellen mit Partnerbezug in der Bewegung' (vgl. S. 63 ff.).*

Abschließender Hinweis:

Als übergreifende Möglichkeit zur Anforderungssteigerung ist dem ***beidseitigen Übungsprinzip*** Beachtung zu schenken (⇨ Rechtshänder üben auch mit links und Linkshänder mit rechts). Alle Aufgaben können dadurch in ihrem Schwierigkeitsgrad gesteigert werden: Praktizieren sollte man das wichtige Gebot des beidseitigen Übens zumindest bei den leichteren Übungsformen![29]

5.2 Bewegungsfähigkeiten und -fertigkeiten eher 'offen' oder 'geschlossen' vermitteln?

Ob der Unterrichtende 'offene' oder 'geschlossene' Vermittlungswege beschreitet, hängt zunächst vor allem von den eigenen Zielsetzungen ab.[30]

Persönliche Zielsetzung?

Möchte man eine bestimmte Koordinationsfähigkeit oder spezielle Fertigkeiten durch gezielte Aufgabenstellungen schulen, wird eher ein lehrerzentriertes, 'geschlossenes' Unterrichtsverfahren zu bevorzugen sein, d.h., die Lehrperson gibt Übungen vor, die Schüler vollziehen diese nach.

Stehen Lernziele wie Kreativität, Kommunikation und Selbständigkeit im Vordergrund, wird man eher 'offene' Aufgabenstellungen wählen: Hierbei erhal-

---

[29] Vgl. OVERBECK, H.: Beidseitiges Üben im Sportunterricht. In: sportunterricht 2/91, S. 45-51.

[30] Zum Konzept des 'offenen' als Gegensatz zu dem des 'geschlossenen' Unterrichts vgl. z.B.

- FUNKE-WIENEKE, J.: Unterricht öffnen. In: PAWELKE, R. (Hg.): Neue Sportkultur. Lichtenau 1995, S. 370-380;
- KURZ, D.: Wie offen soll und darf der Sportunterricht sein? In: Bielefelder Sportpädagogen: Methoden im Sportunterricht. Schorndorf 1989, S. 187-199.

ten die Schüler einen größeren Handlungsspielraum zum Einbringen ihrer individuellen Bedürfnisse, Fähigkeiten und Lernweisen.

Beide Lehrweisen haben ihren didaktisch-methodischen Stellenwert, weder das eine noch andere Verfahren ist 'besser' oder 'schlechter'. (In einem nach meinem Verständnis idealen Unterricht ergänzen sich Phasen mit geschlossenem und offenem Charakter.)

Alter und Vorerfahrungen der Schüler?

Die Entscheidung für eines der beiden Verfahren ist – neben den eigenen Zielvorstellungen – abhängig vom Alter der Schüler sowie von den situativen Bedingungen der Klasse: So wird man mit größerer Wahrscheinlichkeit eine positivere Lernhaltung in puncto Selbständigkeit und selbstverantwortlicher Arbeitshaltung vorfinden, wenn die Kinder frühzeitig und regelmäßig Erfahrungen mit offenen Lernformen sammeln konnten und nicht über einen langen Zeitraum hinweg ausschließlich im Frontalunterrichtsstil unterrichtet wurden.

Vorschlag für ein eher 'geschlossenes' Vermittlungsverfahren

Im folgenden möchte ich zunächst einen kurzen Vorschlag für ein *frontal-direktives* Vermittlungsverfahren darstellen.

In meiner Unterrichtspraxis hat es sich bewährt, zwei bis vier Aufgabenstellungen auf einmal (je nach Alter der Kinder sowie Komplexität der Übungen) einzugeben. Denn:

a) Das Zusammenholen und Sammeln der Schüler nach jeder einzelnen Übung, das in der Regel viel Zeit und Nervenkraft des Unterrichtenden kostet, erübrigt sich.

b) Die Schüler erhalten auf diese Weise einen kleinen aber wichtigen Freiraum zum selbstgesteuerten Üben in ihrem individuellen Lernrhythmus und -tempo:

Schnellere Kinder können sich so z.B. problemlos länger mit einer sie animierenden Aufgabe beschäftigen, wenn der Lehrer feststellt, daß leistungsschwächere Kinder noch mehr Zeit zum Erfüllen der Aufgabenstellung benötigen.

Damit kann das leidige Problem aus der Halle verbannt werden, daß uns die schnelleren Kinder mit der Frage in den Ohren liegen – kaum daß wir die Aufgabe ausgesprochen haben –: „Und was kommt jetzt?“

Beispiel für eine sinngemäße Aufgabenformulierung:

„Wer alle drei Aufgaben fünfmal erfolgreich geschafft hat, kann eine beliebige Aufgabe wiederholen oder sich selbst eine Veränderung ausdenken!“

Vorschläge für offene Lernsituation

Da das lehrerzentrierte Arbeiten weit verbreitet und in den meisten Lehrhilfen gut dokumentiert ist, lege ich im weiteren meinen Schwerpunkt auf Anregungen für offene(re) Übungssituationen.

1. Vermittlungsweg: Bewegungsprobleme aufgeben

Die Formulierung eines Bewegungsproblems regt die Lernenden dazu an, eigenständig nach Lösungsmöglichkeiten zu suchen. Durch das selbstgesteuerte Erkunden und Erproben der vorteilhaften Bewegungsmerkmale wird zugleich ihre Aufmerksamkeit eben darauf konzentriert und auf diese Weise ihr Bewegungsbewußtsein geschärft.

Wichtig ist es, die Bewegungsprobleme in anschaulicher und kindgerechter Weise zu präsentieren. Zwei gelungene Beispiele (für jüngere Kinder der Klassenstufe 1-3) bieten folgende Aufgabenstellungen:

a) *„Ich finde, unsere Bälle sind oft ziemlich ungehorsam. Sie machen nicht, was sie machen sollen und laufen einfach weg. Ich denke, es wird allmählich Zeit, daß sie gehorchen lernen, so wie ein kleiner Hund ja auch lernen muß, bei Fuß zu gehen und nicht einfach Frauchen oder Herrchen wegzulaufen. Probiert doch einmal aus, wie man es schaffen kann, daß der Ball beim Prellen immer brav bei einem bleibt und nicht wegspringt.“*[31]

---

[31] BRODTMANN, L.: Ein Ball lernt Kunststücke. In: sportpädagogik 1/94, S. 33.

In gemeinsamen Auswertungsgesprächen können die wichtigen Bewegungsmerkmale der jeweiligen Fertigkeit von den Kindern mit Hilfe des Lehrers zusammengetragen werden: „Man muß die Finger ein bißchen spreizen." „Man darf nicht auf den Ball schlagen." ...

b) Ausgangspunkt ist das Gedicht *'Mein Ball'* von Josef Guggenmos, das zuvor im Deutschunterricht behandelt worden sein sollte:[32]

„Laßt euren Ball in verschiedenen Höhen hüpfen – wie im Gedicht." „Findet ihr andere Vergleiche?"

Und: „Statt sich zum Schluß auszuruhen – was könnte der Ball noch machen?"

Mein Ball

ein ball
zeigt, was er kann,
hüpft hoch wie ein Mann,
dann
hoch wie eine Kuh,
dann
hoch wie ein Kalb,
dann
hoch wie eine Maus,
dann
hoch wie eine Laus,
dann
ruht er sich aus.

2. Vermittlungsweg: Ballkunststücke

Als weitere Lerngelegenheit hat sich das Erproben von „Ballkunststücken" gut bewährt. (➪ 'Kunststück' meint dabei nicht eine artistisch-zirzensische Leistung, sondern eine als subjektiv empfundene anspruchsvolle Bewegungsform, die dem Lernenden gezielte Übungsanstrengungen abverlangt.)

Schüler erhalten bei diesem Verfahren einen Spielraum zum kreativen Entdecken und selbständigen Erproben der vielfältigen Möglichkeiten im Umgang mit dem Ball.

Das Vorgehen im Unterricht könnte sich an folgender Struktur orientieren:[33]

Orientieren ...

1. Aufgabenstellung durch die Lehrkraft (➪ eventuell ergänzt durch Lehrerbeispiele für Variationsmöglichkeiten):

---

[32] Zit. nach VOSS, B. / RUNDNAGEL-BEYER, B.: Mein Ball. In: Grundschule 5/93, S. 58-59.

[33] Dieser Unterrichtsvorschlag ist angelehnt an: FREY, J.: 'Handball'-Kunststücke. In: sportpädagogik 6/91, S. 28-34.

„Versucht mit eurem Ball jede/r für sich, ein oder mehrere verschiedene Ballkunststücke zu erfinden und auszuprobieren, die zu dem Thema Werfen und Fangen passen.“

... experimentieren ...

2. Experimentalphase (➪ Gegebenenfalls ergänzt durch Vermittlungshilfen/Aufgabenbeispiele, wenn einzelnen partout nichts einfallen sollte:

   „Du könntest zum Beispiel probieren, ob du ...“)

... demonstrieren ...

3. Sammeln und Vorstellen der Ergebnisse vor der Gesamtgruppe:

   „Wer möchte sein Ballkunststück anderen vorführen?“

... nachmachen ...

4. Ausprobieren einiger Formen durch die ganze Gruppe:

   „Probiert mindestens drei der vorgeführten Ballkunststücke aus.“

... weiterentwickeln ...

5. Variieren und Erweitern der ausprobierten Formen:

   „Versucht die Kunststücke zu verändern/erweitern.“

... und wieder: demonstrieren ...

6. Demonstration der variierten/erweiterten Formen.

Beispiele für Ballkunststücke – Themenbereiche und Aufgabenstellungen:

- für einen Spieler zum Thema *Werfen und Fangen/Prellen/Ballrollen* (am Ort und in der Bewegung)
- für einen Spieler: *Werfen und Fangen* unter Einbeziehung der Wand
- *Werfen* und *Fangen* mit einem Partner
- *Ballrollen* mit einem Partner unter Einbeziehung der Wand
- *Werfen, Fangen, Prellen* in der 3er-/4er- oder 5er-Gruppe

Zum Schluß der Hinweis: bei der Planung offener Unterrichtsformen **genügend Zeit einkalkulieren!**

Dies gilt sowohl für die Probier-, vor allem aber für die Demonstrationsphase. Fast immer sind die meisten Kinder geradezu erpicht darauf, sich und ihre Ergebnisse vorzustellen.

Andererseits – und das sollte immer im Bewußtsein sein – weckt das Wissen um die Möglichkeit des Vorzeigen-Könnens bei vielen Kindern nicht nur Motivation, sondern es bildet zugleich den Rahmen dafür, daß das Probieren und Üben nicht ziellos im Sande verläuft.

3. Vermittlungsweg: Arbeitskarten

Die vorliegende Sammlung von Übungsmöglichkeiten ist reich mit bildlichen Anschauungshilfen versehen.

Erste und naheliegende Absicht ist es, ein schnelles Verständnis der Aufgaben zu ermöglichen.

Zum zweiten soll den Lehrenden ein Hilfsmittel in die Hand gegeben werden, sich mit relativ geringem Arbeitsaufwand anschauliche und kindgerechte Arbeitskarten selbst herzustellen. (➪ Bild und Schrift vergrößert, ein bißchen geschnippelt und geklebt – und schon hat man's!)

Arbeitskarten unterstützen

1. Differenzierung

2. Selbständigkeit

3. Kooperation

Arbeitskarten sind ein hervorragendes Mittel zur Verwirklichung pädagogischer und methodischer Ziele:

- Die Kinder können Dauer und Rhythmus ihres Lernens selbst bestimmen.
- Stellt man ihnen darüber hinaus frei, welche Aufgaben sie aus einem gegebenen Angebot erfüllen wollen, erhalten sie auch inhaltliche Entscheidungsmöglichkeiten.
- Die Schüler lernen, sich Aufgabeninformationen eigenständig anzueignen, da das Informationsmonopol nicht länger beim Lehrer liegt.
- Sie lernen, eigenverantwortlich über die Erfüllung bzw. Nichterfüllung der Aufgabenausführung zu wachen.

- Sie erhalten die Gelegenheit, sich gegenseitig Hilfe und Unterstützung zum Verständnis sowie zum Gelingen der Übungsaufgaben zu geben.

Die Fähigkeiten zum kooperativen Umgang werden auf diese Weise entwickelt.

Kurz: **Differenzierung** des Unterrichts, **Erziehung zur Selbständigkeit** und **zum kooperativen Handeln** können **durch den Einsatz der Arbeitskarten** unterstützt und gefördert werden.[34]

Voraussetzung für das Gelingen ist, daß die Kinder schrittweise an diese Arbeitsform sowie an das **Üben im Stationsbetrieb**[35] herangeführt werden. Beides fordert und fördert zugleich selbständiges Verhalten von Kindern, das sowohl Voraussetzung als auch Ergebnis dieser Unterrichtsverfahren bildet. Das häufig vorgetragene Argument, daß Kinder erst einen gewissen Grad der Selbständigkeit erworben haben müssen, bevor sie mit dieser Unterrichtsform konfrontiert werden können, ist deshalb nicht stichhaltig:

Selbständiges Handeln kann nur dort erworben werden, wo diese Fähigkeit auch verlangt wird und der Lernende sie sich durch aktives Handeln aneignen kann! *„Natürlich ist dies ein allmählicher Annäherungsprozeß, im Grunde ergibt sich aber die fast paradoxe Situation, daß man etwas tun muß, was man (eigentlich) nicht kann.“*[36]

---

[34] Daß das Üben mit Hilfe von Arbeitskarten für Kinder motivierend ist, beweisen Befragungen unter Schülern aller Altersstufen. Danach hält eine große Mehrheit (65 % der Befragten) den Einsatz von Arbeitskarten für sinnvoll. (Vgl. FISCHER, U. / ZOGLOWEK, H.: Man lernt viel, ist nicht ständig unter Kontrolle, und es macht auch noch Spaß! In: SportZeit 0/94, S. 46f.)

[35] Bei diesem Verfahren wechseln die Übenden nach einer festgelegten Zeit oder nach Erfüllung der gestellten Aufgabe von einer Übungsstation zur nächsten.

[36] SÖLL, W.: Ziele und Inhalte im Sportunterricht. In: Lehrhilfen für den Sportunterricht 1/94, S. 11.

Und so kann man sie im Unterricht einsetzen ...

Hier ein paar Anhaltspunkte für Einführung und Einsatz der Arbeitskarten:

- ❑ Bei der Einführung oder Verwendung in unteren Klassen sollten zunächst nur wenige Arbeitskarten eingesetzt werden (➪ etwa vier).

  Um Warteschlangen zu vermeiden, werden Stationen doppelt und dreifach aufgebaut.

  Sind die Schüler mit dem Verfahren vertraut, wird sowohl die Anzahl der eingesetzten Arbeitskarten als auch die Anzahl der verschiedenen Stationen vergrößert.

- ❑ Zum Bekanntmachen mit den Aufgabenstellungen bieten sich verschiedene Wege an:

  Der Lehrer liest sie bei der Vorstellung des Unterrichtsthemas im Einführungsgespräch selbst vor und gibt zusätzliche Hinweise dort, wo es nötig ist. Bei Unklarheiten macht er die Aufgabe gegebenenfalls selbst vor.

  Alternative: Er läßt Schüler vorlesen und einzelne Kinder die Übung vorführen.

- ❑ Der Unterrichtende hängt vor Stundenbeginn die Arbeitskarten an der Hallenwand (oder am Schulzaun) auf.

  Die ganze Klasse begibt sich gemeinsam von Station zu Station. Die Aufgaben werden auf diese Weise nacheinander vorgestellt.

- ❑ Wie zuvor – die Karten werden vorher vom Lehrer angebracht.

  Die Schüler werden auf die einzelnen Stationen verteilt, ihr Arbeitsauftrag lautet:

  „Besorgt euch die notwendigen Materialien. Macht euch die Aufgabe gemeinsam klar, so daß ihr in der Lage seid, sie anschließend den anderen zu erklären und vorzuführen!"

  (➪ Während der Erklärungsphase sitzen alle übrigen Kinder jeweils an ihrer Station und verfolgen von dort aus das Vorstellen der Übungen.

Oder: Alle Gruppen gehen zusammen von Station zu Station.)

- ❑ Wie zuvor – die Karten werden vorher angebracht.

  Die Schüler besorgen sich die notwendigen Materialien, informieren sich selbständig über die Aufgabe und wechseln anschließend zur nächsten Station.

- ❑ Der Unterrichtende bringt eine größere Anzahl von Arbeitskarten als zuvor an (➪ ca. 12-15).

  Mögliche Arbeitsaufträge:

  1. „Sucht euch mindestens sechs Aufgaben aus, die ihr jeweils zehnmal erfolgreich ausführt."
  2. „Sucht euch mindestens vier Aufgaben aus. Erfüllt sie zunächst. Versucht dann, die Aufgabe zu verändern."

- ❑ Der Lehrer verteilt an jeweils zwei oder drei Schüler eine Arbeitskarte, verbunden mit dem Arbeitsauftrag: „Besorgt euch die notwendigen Materialien und sucht euch einen Platz. Bringt dort die Arbeitskarte an."

Veränderte Rolle des Lehrers

Der Lehrende wird in den drei vorgeschlagenen Unterrichtsverfahren vom unmittelbaren Handlungsdruck des Unterrichtens (➪ wie z.B. beim frontalen Verfahren) zeitweise entlastet und kann ein wenig in den Hintergrund treten.

In offenen Unterrichtssituationen verändert sich seine Rolle: Er ist nicht länger derjenige, der allein alle Zügel in der Hand halten muß, damit der 'Unterrichtswagen' auf der Wegstrecke bleibt und vorankommt; denn alle Beteiligten kennen den Weg und das Ziel. Dadurch wird die Fähigkeit der Kinder gestärkt, ihr Können aus eigener Initiative zu erweitern.

Das gibt dem Lehrer die Gelegenheit, sich um einzelne Weggefährten intensiver zu kümmern. Er hat Zeit, ihrem Können in Ruhe zuzuschauen und sie dafür anzuerkennen; er kann Hilfen und Ratschläge geben, wo es erforderlich ist oder gewünscht wird; er kann da ermuntern und trösten, wo Weghindernisse unüberwindlich erscheinen und mutlos machen – mit anderen Worten: Er kann für eine Zeitlang aufhören zu *unterrichten*, d.h. die Zügel des omnipotenten und allwissenden 'Kutschers' aus der Hand legen und statt dessen mit seinen Schülern in gemeinsamer Weise die Fahrt genießen, gemeinschaftlich mit ihnen *Sport treiben* – und zwar sowohl als Lehrender wie auch als Lernender.

Teil 2

Aufgabensammlung

6. Aufgabenbeispiele zu den Ball-Fertigkeiten des Prellens, Werfens, Fangens und Rollens

6.1 Übungsformen - Prellen

Bewegungsbeschreibung

Beim Prellen wird der Ball nicht geschlagen, sondern mit der Hand sanft 'begleitend' zu Boden 'gedrückt'.

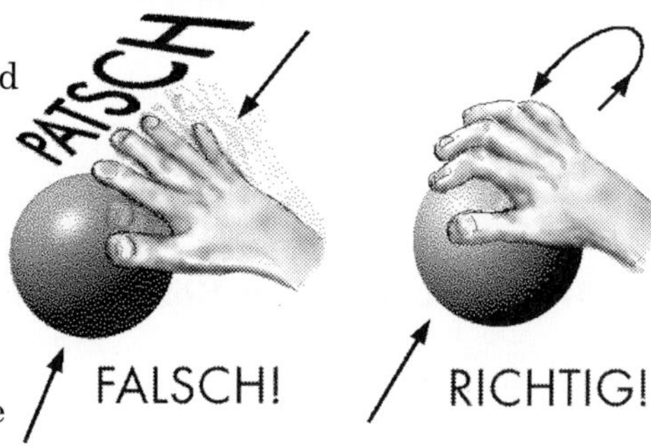

(➪ Ist den Kindern ein Jo-Jo bekannt: „Stell dir vor, du würdest ein Jo-Jo auf und nieder sausen lassen!") Die Hand liegt dabei gewölbt über dem Ball, alle Finger und die Handinnenfläche berühren den Ball.

6.1.1 Einzelaufgaben am Ort

- **In verschiedenen Höhen**

  Kopf-, hüft-, kniehoch, in 5 cm Höhe, ... bis der Ball 'einschläft', d.h., bis er ruhig am Boden liegenbleibt.

  Dann versuchen, den Ball durch geschicktes Handhaben wieder zu 'erwecken'.

  Beidseitig üben.

• In verschiedenen Stellungen

Im Stehen, Knien, Sitzen, Liegen auf dem Bauch oder auf dem Rücken, in der Hocke, ...

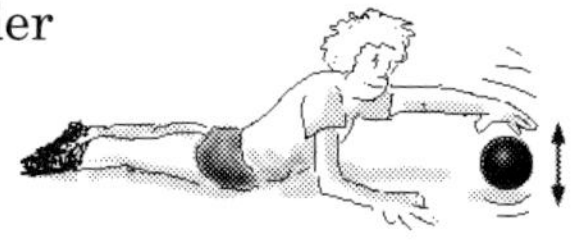

Anschließend Übergänge zwischen verschiedenen Stellungen: aus dem Sitzen in die Bauchlage, dann in die Rükkenposition ...

• Mit verschiedenen Körperteilen

Mit verschiedenen Körperteilen prellen:

mit Hand, Handkante, Fuß, Kopf, Ellenbogen, Faust, Po, ...

Zusatzaufgabe:

Ball abwechselnd mit dem Fuß und der Hand prellen.

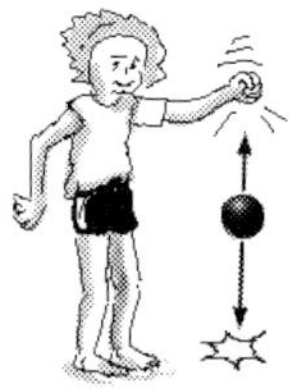

• Kunststückchen

1. Im Stand um sich herumprellen
2. Unter dem hochgehobenen Bein hindurchprellen (vgl. Abb. 1).
3. Von rechts nach links prellen und zurück, hin und her (vgl. Abb. 2) ...
4. Durch die gegrätschten Beine hin und her prellen (vgl. Abb. 3).

(1)

(2)

(3)

5. Um die gegrätschten Beine den Ball prellen in Achterschlaufen (vgl. Abb. 4).
6. Den Ball prellen, sich einmal um sich selbst herumdrehen und weiterprellen.

(4)

- **Augen zu!**

Mit geschlossenen Augen (am Ort) prellen.

Zusatzaufgabe:

In der Bewegung mit geschlossenen Augen prellen.

- **Gleichtakt**

Auf der Stelle hüpfen und im gleichen Takt prellen.

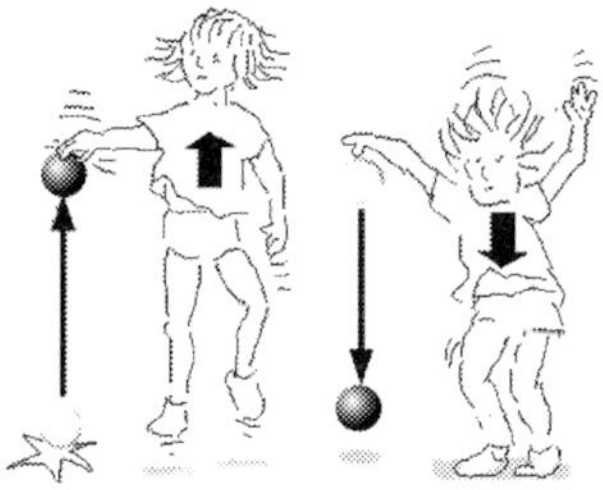

- **Schuh-Striptease**

Sich mit der freien Hand einen Turnschuh ausziehen.

- **Einen in die Luft, einen auf den Boden**

1. Mit einer Hand prellen, mit der anderen einen Luftballon hochschlagen.
2. Einen Ball prellen, einen zweiten hochwerfen und wieder (mit einer Hand) fangen (vgl. Abb.).

Hinweis:

Beide Aufgaben, insbesondere aber die zweite, fordern ein hohes Maß an Koordinationsfähigkeit; sie sind deshalb nur für 'Könner' geeignet.

6.1.2 Einzelaufgaben in der Bewegung

- **In der Bewegung**

  Im Gehen, Laufen, im Rückwärts- oder Seitwärtslaufen, im Hopserlauf (vgl. Abb.), ein- oder beidbeinig hüpfen.

  Beidseitig üben.

- **Linien-Prellen**

  Auf den Hallenmarkierungen entlangprellen.
  (➪ Der Ball soll bei jedem Aufprellen die Markierungslinie berühren.)

- **Slalom-Prellen**

  Der Übende bewegt sich prellend durch einen Slalom-Parcours (➪ Hütchen, Keulen, ... verwenden).

Kopf hoch!

Auf dem Kopf einen Bierdeckel oder Gummireifen balancieren. Zunächst am Ort (zum Eingewöhnen); dann: eine bestimmte Strecke zurücklegen.

Limbo-Prellen

Unter etwas hindurch prellen:

1. unter einem Barren hindurch (vgl. Abb. 1),
2. unter einem Pferd hindurch,
3. unter einer gespannten Schnur hindurch (➪ Höhe 60-80 cm) (vgl. Abb. 2).

(1)

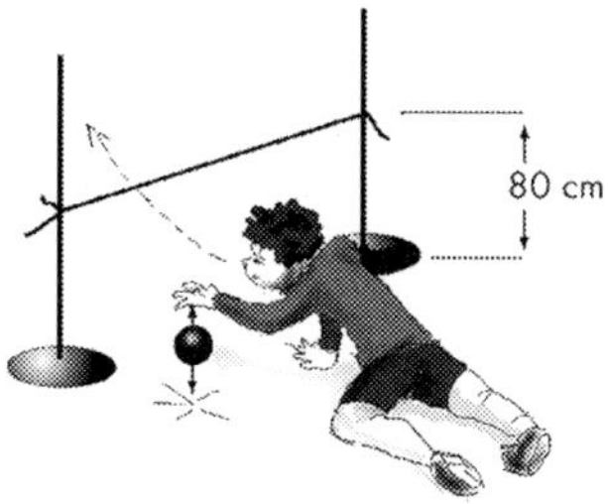

(2)

Klemmi

Einen Ball zwischen die Beine klemmen und (über eine bestimmte Strecke) vorwärtshüpfen, dabei einen zweiten Ball prellen.

Prellen in der Reifenbahn

1. In hintereinandergelegte Reifen prellen. Dabei versuchen, den Ball nur einmal in jeden Reifen zu prellen (vgl. Abb. 1).
2. Beidbeinig durch die Reifenbahn hüpfen und den Ball (außerhalb der Reifen) prellen.
3. Dasselbe, jetzt aber einbeinig hüpfen (vgl. Abb. 2).
4. Beid- oder einbeinig hüpfen in der Reifenbahn und den Ball *im* Reifen aufprellen.

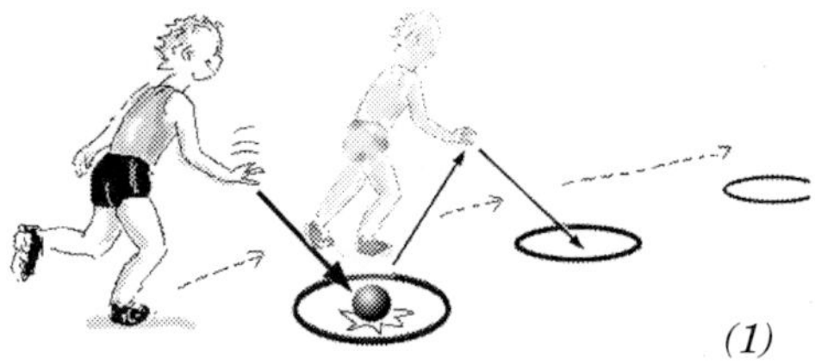

(1)

(2)

Mit Bank

1. Auf der Sitzfläche einer Bank prellen (vgl. Abb. 1).

(1)

2. Der Spieler geht auf der Sitzfläche und prellt den Ball am Boden, später auch auf der Sitzfläche (vgl. Abb. 2 und 3).

(2)

(3)

3. Der Übende balanciert auf einer umgedrehten Bank und prellt den Ball am Boden (vgl. Abb. 4).

(4)

4. Über quergestellte Bänke laufen und dabei prellen (vgl. Abb. 5).

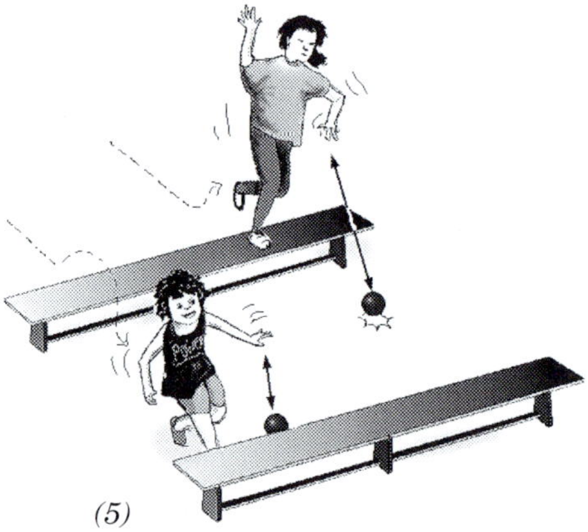

(5)

- **Stereo**

Mit 2 Bällen gleichzeitig prellen:

1. am Ort: zuerst beide Bälle im Gleichtakt, dann im Gegentakt (vgl. Abb. 1);

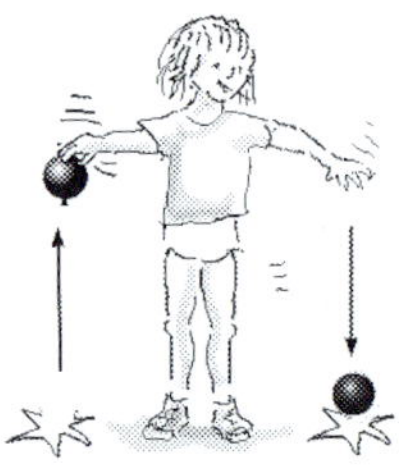

(1)

2. dabei vorwärts/rückwärts gehen;
3. einen Ball mit der Hand prellen, einen mit dem Fuß führen (vgl. Abb. 2).

(2)

• Prellparcours mit Würfeln

Aufbau eines Slalomparcours.

Es werden sechs Aufgaben festgelegt, die jeweils einer Augenzahl des (großen Schaumstoff-) Würfels zugeordnet werden. Bevor jeder Spieler die Slalomstrecke durchquert, muß er würfeln und entsprechend seiner angezeigten Zahl die zugeordnete Aufgabe eine Runde lang ausführen. Für die nächste Runde wird erneut gewürfelt.

Beispiel:

1 → Eine Runde mit rechts prellen.

2 → Eine Runde mit links prellen.

3 → Eine Runde rückwärts prellen.

4 → Eine Runde in Handfassung mit einem Partner prellen.

5 → Eine Runde prellen mit Gummireifen auf dem Kopf.

6 → Eine Runde prellen nach freier Wahl oder eigener Idee.

Hinweis:

Um Wartezeiten zu vermeiden, müssen ausreichend Würfel bereitgestellt werden (mindestens vier). Stehen keine Schaumstoffwürfel zur Verfügung, tun es zur Not auch normale kleine Würfel aus dem 'Mensch-ärgere-dich-nicht-Spiel', das zu Hause irgendwo im Schrank verstaubt ...

Variation:

Einer für alle, alle für einen!

Die Klasse wird in 4-6 Gruppen unterteilt. Jeder Spieler erhält drei Würfe, die auf einen Basketballkorb ausgeführt werden.

Der erste Spieler tritt an – wirft – trifft –: wunderbar! Der nächste der Spielgruppe versucht sein Glück und – hat Pech: daneben! Nun nimmt er den Würfel und entsprechend der gewürfelten Zahl muß die ganze Gruppe (!) die festgelegte Prellaufgabe absolvieren.

Hinweis:

Die Werfer müssen eine wirkliche Chance zum Treffen haben. Deshalb: bei jüngeren Kindern die Körbe tiefer anbringen (vgl. Abb.) – vor allem dann, wenn man mit einem großen Ball werfen läßt!

Verfügt man nicht über solche verstellbaren Körbe, bietet sich die Lösung an, die Kinder mit *kleinen* Bällen auf den Basketballkorb werfen zu lassen.

6.1.3 Aufgaben mit Partnerbezug am Ort

● Synchron-Prellen mit Partner

A und B stehen sich gegenüber.

Die Bälle werden immer im gleichen Takt geprellt – anfangs mit der rechten Hand.

Nach viermaligem Prellen (➪ „Laut mitzählen!“) werden die Bälle synchron zur linken Hand des Partners geprellt, der übernimmt, ohne (!) aus dem Rhythmus zu kommen.

Dasselbe wieder zurück (zur rechten Hand des Gegenübers).

Dann nur dreimal bzw. zweimal prellen: „Gelingt es sogar mit nur einmal prellen?“

● Prellen im Gleichtakt

In 3er-/4er- oder 5er-Gruppe:

Alle prellen im gemeinsamen Rhythmus ...

Beispiel:
prel-len, prel-len, prel-len, hochprellen – prel-len, prel-len, ...

Zusatzaufgaben:

1. Prellen im Rhythmus von Vornamen – nach Möglichkeit von Namen aus der Gruppe; Namen dabei *laut* mitsprechen.

   Beispiele:
   – Ru – di, Ru – di, ...;
   – Ger – lin – de, Ger – lin – de, ...;
   – Mo – ni – ka, Mo – ni – ka, ...

2. Jeder prellt mit zwei Bällen.

● Ballwechsel im Kreis

Aufstellung im Drei-/Vier- oder Fünfeck (➪ Abstand zum Nachbarn 1,5–3 m).

1. Alle prellen ihren Ball viermal im Gleichtakt, prellen ihn weiter zum linken Nachbarn, übernehmen fast gleichzeitig vom rechten Mitspieler den Ball und prellen ihn viermal, ...

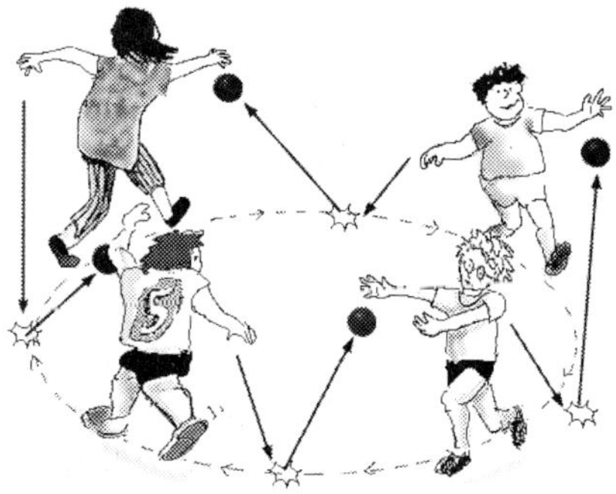

2. Alle prellen gleichzeitig viermal, verlassen dann ihren Ball (!) und wechseln im Uhrzeigersinn auf den Platz des linken Nachbarn und übernehmen dessen Ball ... prellen diesen erneut viermal im Gleichtakt mit den anderen ... wechseln wieder ... (vgl. Abb.)

Steigerungen sind bei beiden Aufgaben möglich: „Klappt der Wechsel auch nach drei-, zwei- oder gar einmaligem Prellen?“

● Prellen-Wurf-Komposition

Vierer-Gruppe in quadratischer Aufstellung. Alle prellen ihren Ball viermal im gleichen Takt; dann werfen die diagonal gegenüberstehenden Spieler sich den Ball viermal zu (vgl. Abb.).

Sodann prellen alle erneut viermal und wechseln danach alle eine Position weiter im Uhrzeigersinn, wobei sie ‘ihren’ Ball an ihrem alten Platz zurücklassen (➪ siehe vorige Aufgabe) ...

Anschließend: „Findet eine eigene Prellen-Wurf-Komposition!“

6.1.4 Aufgaben mit Partnerbezug in der Bewegung

- **Hand in Hand**

Beide Partner haben Handfassung. Während jeder mit einem Ball prellt, bewegen sich beide dabei fort.

- **Prellen in Schlangen**

Alle gehen oder laufen prellend durcheinander im Raum.

Auf ein Zeichen des Lehrers werden (prellend) 2er-, 3er-, 4er-, ...Ketten gebildet, wobei die Spieler hintereinander laufen. Jeder soll einmal vorn als *Schlangenkopf* laufen.

Während des Prellens darf die Schlange nicht reißen.

Zusatzaufgabe:

Der Kopf der Schlange denkt sich kleine Aufgaben aus, die die übrigen nachmachen.

Beispiele:

In die Hocke gehen ..., Tempowechsel, ..., auf einem Bein hüpfen, ..., sich am Kopf, kratzen, ...

- **Berufsverkehr**

Alle prellen im Feld – ohne sich zu berühren: „Es möchte keiner von euch eine Beule in seinem Auto haben!“

Dann wird das Feld immer mehr verkleinert: „Bewegt euch weiter im Feld: ohne Zusammenstoß.“

- **Seitenwechsel**

Zwei, dann drei und sogar vier Gruppen ballprellender Kinder wechseln die Seiten, ohne den Ball zu verlieren und ohne zusammenzustoßen.

Hinweis:

Seitenwechsel zuerst im Gehtempo ausführen lassen; Tempo dann steigern.

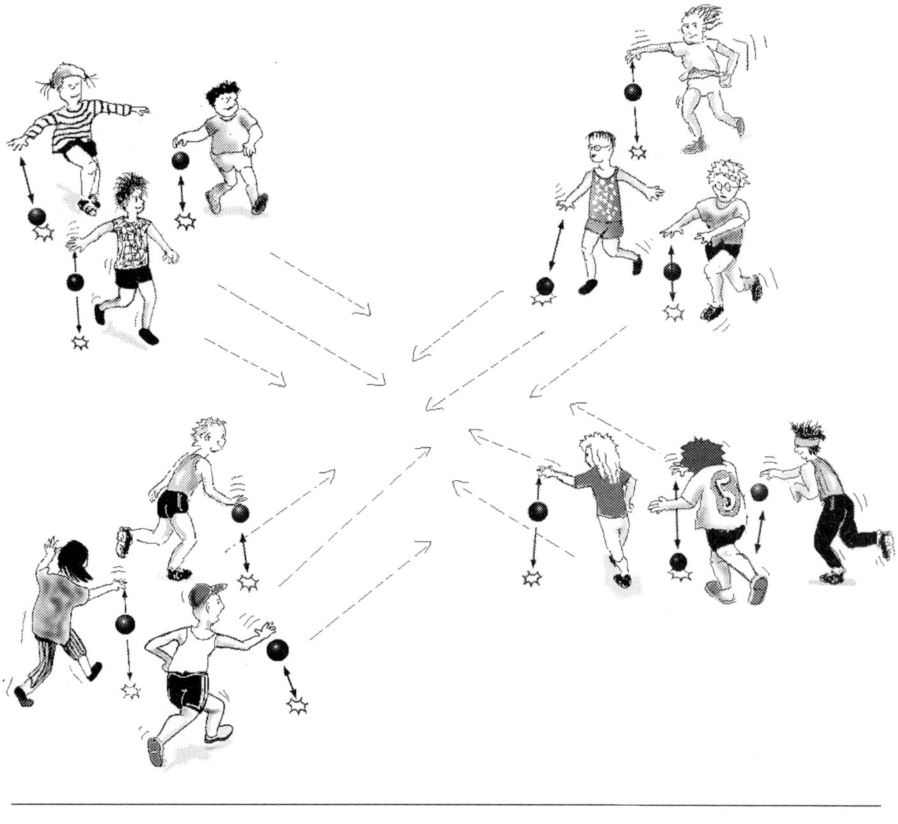

● Uwe, ein Ei!

Alle Spieler stehen am Anfang in Kreisform, alle haben einen gut prellbaren Ball (vgl. Abb.).

Jeder merkt sich den Namen seines *rechten* Nachbarn.

Danach laufen und prellen alle beliebig durch den Raum. Der Spielleiter übergibt irgend einem Spieler einen Gegenstand (= das *Ei*), z.B. einen Tennisball, einen Korken, ... Damit läuft der Spieler, weiterhin ballprellend, zu seinem (ehemals) rechten Nachbarn und überreicht ihm das *Ei*: „Uwe, das ist ein Tennisball-Ei". Uwe läuft damit seinerseits zu seinem rechten Nachbarn ...

Nach und nach werden vom Spielleiter in rascher Reihenfolge immer mehr *Eier* in die Gruppe eingebracht (➪ maximal entsprechend der Spieleranzahl).

Wenn's grad am schönsten ist (➪ nach etwa 2 Min.) bringen alle Spieler – prellend – die *Eier* wieder zurück zur *Eier-Sammelstelle* ...

- **Begrüßung**

Alle gehen prellend im Raum umher. Währenddessen schüttelt jeder möglichst vielen Mitspielern die Hand (vgl. Abb. 1), hält mit jedem eventuell einen kleinen Plausch; oder prellt gemeinsam mit dem Begrüßungspartner dreimal den Ball im gleichen Rhythmus;

oder ...

Beidseitiges Üben.

(1)

Zusatzaufgabe für 'absolute Könner':

Während des Prellens seinen Namen an eine Wandtafel (mit Kreide oder Filzer) schreiben (vgl. Abb. 2).

(2)

- **Prellen mit Schiebekampf**

Zwei Spieler stehen Rücken an Rücken und prellen ihren Ball.

Auf ein Zeichen hin versucht jeder den anderen durch Schieben so zu stören, daß er die Kontrolle über seinen Ball verliert.

- **Brückenwächter**

Ca. 4-6 Brückenwächter, die auf einer Linie (oder einem schmalen Feld) stehen.

Die Spieler versuchen, die *Brücke* im Dribbling zu überqueren, ohne von den Brückenwächtern, die ebenfalls einen Ball prellen, abgeschlagen zu werden.

Abgeschlagene Spieler tauschen mit dem jeweiligen *Brückenwächter* die Rolle.

Die *Brückenwächter* dürfen ihre *Brücke* nicht verlassen und müssen immer mit mindestens einem Bein darauf stehen.

Zusatzaufgabe:

3-5 *Brückenwächter* bewachen ohne Ball die *Brücke.*

- **Ball klauen**

Alle gehen prellend im Raum umher. Ziel ist, einem anderen Spieler den Ball wegzuspielen, ohne den eigenen Ball zu verlieren.

Wer seinen Ball verloren hat, holt ihn sich wieder – und weiter geht's!

- **Verzaubern und Erlösen**

  Alle Spieler prellen den Ball.

  4-7 durch Bändchen markierte *Zauberer* versuchen, durch Abschlagen andere Kinder zu *verzaubern.*

  Verzauberte bleiben stehen und halten ihren Ball mit beiden Händen auf dem Kopf fest. Sie können erlöst werden, indem freie Mitspieler einmal um sie herumprellen. (➪ Alternative: Erlösen durch Berühren)

- **Vorsicht – Oktopussi!**

  Die Hälfte der Klasse setzt sich auf den Boden, anfangs verteilt im Spielfeld, und übernimmt die Aufgabe von Kraken (= *Oktopussis*), die mit ihren Fangarmen versuchen, die ballprellenden Spieler oder den Ball zu berühren. Die *Oktopussis* dürfen sich dabei umherbewegen – aber nur auf allen Vieren!

  Jeder Spieler der anderen Hälfte erhält einen Ball und hat die Aufgabe, etwa 2 Min. lang zwischen den *Oktopussis* zu dribbeln, ohne sich von ihnen erwischen zu lassen.

Wer vom *Oktopussi* berührt wurde (oder wessen Ball), tauscht mit ihm die Rolle:

„Welcher Preller ist nach Ablauf der Zeit noch bzw. wieder im Ballbesitz (weil er sich nach seinem Abschlag wieder erlösen konnte)?"

Nach der festgelegten Zeit – Rollenwechsel der beiden ursprünglichen Gruppen.

6.2 Übungsformen – Fangen und Werfen

Bewegungsbeschreibung

1. Fangen

Hände und Arme strecken sich dem Ball entgegen. Die Arme sind in den Ellenbogen leicht gebeugt. Die Hände formen einen Trichter, wobei Daumen und Zeigefinger zueinander zeigen und so ein Dreieck bilden.

Beim Fangen von Bällen unterhalb der Gürtellinie zeigen die Handflächen nach oben, die kleinen Finger berühren sich beinahe und die Daumen zeigen zum anfliegenden Ball.

Die Energie des anfliegenden Balls wird durch weiches, elastisches Beugen der Arme gedämpft. (➪ TIP: Dieses Nachgeben sollte durch Kontrastbeispiele demonstriert werden: z.B. durch Würfe gegen die steinerne Hallenwand und sodann gegen eine flexibele Trennwand oder gegen eine Weichmatte: Bei Würfen gegen eine nachgebende Barriere 'tropft' der Ball nahe am Aufprallort ab, im anderen Fall springt er weit zurück.)

2. Werfen

Der Werfer steht in Schrittstellung, wobei der linke Fuß (beim Rechtshänder – beim Linkshänder umgekehrt) vorn steht. Die Schulter des Wurfarmes wird zurückgenommen. Nach der Ausholbewegung, durch die der Werfer die sog. 'Bogenspannungs-Haltung' einnimmt, erfolgt das schlagartige 'Nach-vorn-bringen' des Balls dicht am Kopf vorbei.

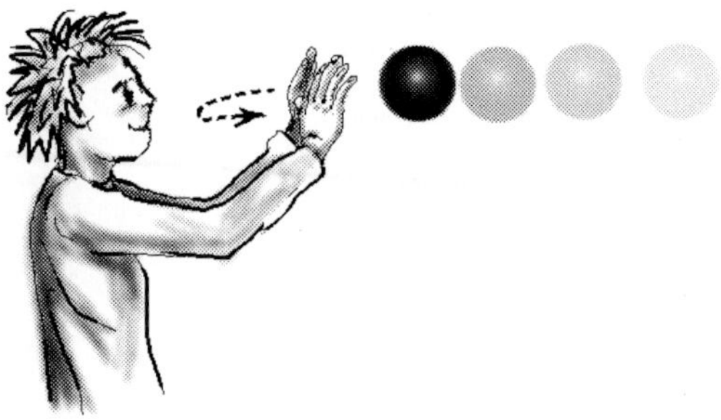

6.2.1 Einzelaufgaben am Ort

- **Körperumkreisung**

  Der Ball wird in Hüfthöhe um den Körper herumgeführt.

  Variation:

  Achterschlaufen

  Der Ball wird in Achterschlaufen durch die Beine geführt. Der Übende steht dabei in Grätschstellung (vgl. Abb.).

- **Hochwerfen mit Zusatzaufgaben**

  Den Ball hochwerfen (➪ alternativ: so kräftig wie möglich auf den Boden prellen) und vor dem Fangen kleine Zusatzaufgaben ausführen:

  1. Den Ball senkrecht an die Decke („in den Himmel") werfen.

     („Senkrecht heißt: Ihr dürft nicht den Platz verlassen zum Ballfangen!")

  2. Ein-/zwei-/dreimal in die Hände klatschen (vgl. Abb. 1).

     Dann auch – hinter dem Rücken klatschen.

  3. Sich einmal/zweimal/ ... drehen um 360° Grad (vgl. Abb. 2).

  4. Sich schnell hinhokken und wieder aufstehen (vgl. Abb. 3).

(1)

(2)

(3)

Erste Steigerung: mit beiden Händen so oft wie möglich auf den Boden klatschen.

Zweite Steigerung: sich hinsetzen und schnell wieder aufstehen.

5. Einmal in einen Reifen hinein- und wieder heraus- springen, der neben dem Spieler liegt (vgl. Abb. 4).

(4)

6. Einmal hochspringen oder einen Hampelmannsprung machen (vgl. Abb. 5).

(5)

- **Fangen anders ...**

Ball hochwerfen, im Knien, Sitzen oder Liegen (vgl. Abb.) fangen.

Zusatzaufgaben:

1. Den Ball hochwerfen, einmal aufprellen lassen und ihn mit den *Handrücken* auffan- gen.
2. Den Ball hochwerfen und jetzt *direkt* aus der Luft mit den Handrücken fangen.

- **Schnell aufstehen!**

  Ball aus dem Kniestand oder Sitz hochwerfen, schnell aufstehen und auffangen.

  Zusatzaufgabe:

  Den Ball im Sitzen hochprellen, schnell aufstehen und ihn fangen, ehe er zu Boden fällt.

- **Einhändig**

  Ball einhändig hochwerfen und mit der anderen Hand im Sitzen fangen.

- **Hoch unterm Schenkel**

  Den Ball unter dem hochgehobenen Oberschenkel hindurch nach oben werfen und wieder auffangen (abwechselnd links – rechts).

- **Ballbogen**

  Den Ball von einer Hand zur anderen über den Kopf werfen.

- **Klemmball (im Sitz)**

  Im Strecksitz den zwischen den Füßen eingeklemmten Ball hochwerfen und fangen (vgl. Abb. 1).

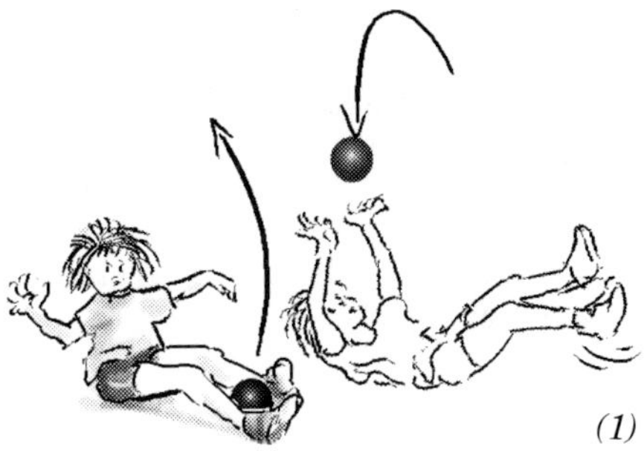

(1)

Variation:

Klemmball (im Stand):

Der Ball wird im Stand zwischen den Füßen eingeklemmt: Hochspringen, dabei den Ball so hochschleudern, daß man ihn wieder auffangen kann (vgl. Abb. 2).

(2)

- **Fangen mit Drehwurm**

Den Ball kräftig aufprellen, sich einmal um 360° Grad drehen und den Ball fangen.

- **Grätsche übern Ball**

Den Ball hochwerfen, aufprellen lassen, einmal rübergrätschen, sich schnell umdrehen und den Ball wieder fangen.

(TIP ➪ *Sofort* nach dem Aufprellen des Balls rübergrätschen!)

- **Rollkur mit Fangen**

Auf dem Rücken liegend den Ball hochwerfen, sich einmal um die Längsachse drehen und den Ball wieder auffangen.

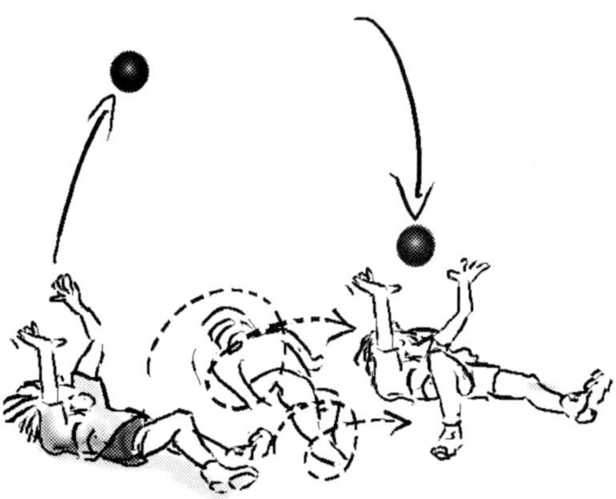

- **Rückenwurf**

  Ball mit beiden Händen hinter dem Rücken halten; ihn über den Kopf nach vorn-oben werfen und vor dem Körper fangen.

- **Durch die gegrätschten Beine**

  Den Ball durch die gegrätschten Beine werfen, halbe Drehung und den Ball auffangen.

- **Hinterrücks**

  Den Ball hochwerfen und hinter dem Rücken fangen.

- **Zwei Bälle fangen**

Zwei Bälle hochwerfen und wieder fangen; dasselbe auch mit zwei verschiedenen Bällen.

- **Wo ist der Ball?**

Den Ball nach vorn und oben werfen, eine Rolle vorwärts auf einer Turnmatte machen und den Ball aus der Luft auffangen.

Hinweis:

Diese Aufgabe ist schon fast ein kleines Kunststück und daher eher als Zusatzaufgabe für 'Könner' geeignet.

In jedem Fall aber mit einem weichen Ball probieren lassen – sonst werden Kinder eventuell vom Ball 'erschlagen'.

6.2.2 Einzelaufgaben in der Bewegung

● Laufen und fangen

Laufen, hochwerfen und (aus der Luft) den Ball fangen.

● Sprint nach dem Ball

Ball schräg nach vorn-oben werfen, hinterhersprinten und Ball auffangen.

Hinweis an die Übenden:

„Wirf den Ball so weit wie möglich, aber nur so weit, daß du ihn gerade noch auffangen kannst!“

Zusatzaufgabe:

Mit möglichst wenigen Würfen eine bestimmte Strecke zurücklegen.

• Überholen und fangen

Den Ball so kräftig wie möglich aufprellen, unter dem hochspringenden Ball hindurchlaufen und den Ball nach halber Drehung (!) fangen.

Hinweis an die Übenden:

„Wirf den Ball so weit wie möglich, aber nur so weit, daß du ihn wieder auffangen kannst!"

• Überkopf und fangen

Den Ball nach hinten überkopf werfen; fangen, bevor er zum zweiten Mal auf dem Boden aufprellt.

Dann: Den Ball aus der Luft fangen – vor dem Aufprellen.

Hinweis an die Übenden:

„Wirf den Ball so weit wie möglich, aber nur so weit, daß du ihn gerade eben noch auffangen kannst!"

Zusatzaufgabe:

Mit möglichst wenigen Würfen eine bestimmte Strecke zurücklegen.

● Laufen - drehen - fangen

Den Ball in Vorwärtsrichtung hochwerfen, dem Ball hinterherlaufen, 360° Grad Drehung und den Ball auffangen.

*Hinweis a*n die Übenden:

„Wirf den Ball so weit wie möglich, aber nur so weit, ...“

6.2.3 Einzelaufgaben unter Einbeziehung der Wand

- **Ball gegen die Wand**

  Wirf den Ball gegen die Wand und fang ihn wieder auf.

  Steigere die Entfernung von der Wand: Wie weit kannst du zurückgehen?

- **Selbstbeifall**

  Wirf den Ball gegen die Wand und fang ihn wieder auf.

  Klatsch vor dem Auffangen einmal oder mehrere Male in die Hände.

  Schaffst du es auch, abwechselnd *vor* und *hinter* dem Körper in die Hände zu klatschen? (➪ vgl. Abb.)

- **Hoch das Bein**

  Wirf den Ball unter deinem angehobenen Bein hindurch an die Wand.

  Schaffst du es auch, den Ball nur mit *einer* Hand zu fangen?

- **Wadenklatschen**

  Wirf den Ball gegen die Wand. Klatsch mit den Händen zwei- oder dreimal auf deine Waden vor dem Auffangen.

- **Drehen vor Fangen**

  Wirf den Ball gegen die Wand und fang ihn wieder auf.

  Dreh dich vor dem Auffangen einmal um dich selbst.

- **Erdberührung**

  Wirf den Ball gegen die Wand. Vor dem Auffangen des Balls sollst du *einmal* mit beiden Händen den Boden berühren (➪ vgl. Abb.).

  Du kannst dir die Aufgabe erschweren, indem du vor dem Fangen des Balls einmal in die Hocke gehst und dabei mit beiden Händen den Boden berührst.

Einhändig

Wirf den Ball mit einer Hand gegen die Wand und fang ihn mit der gleichen Hand wieder auf.

Mach die Aufgabe zunächst mit der rechten Hand. Probier es dann auch mit der linken.

Du kannst dir die Aufgabe erschweren, indem du mit der einen Hand wirfst und mit der anderen fängst (➪ vgl. Abb.).

Runter und rauf

Wirf den Ball gegen die Wand. Vor dem Fangen sollst du zuerst *einmal* mit den Händen den Boden berühren und dann *zweimal* über deinem Kopf in die Hände klatschen.

Mit dem Rücken zur Wand

Du stehst mit dem Rücken zur Wand und wirfst den Ball mit beiden Händen, und zwar:

1. Du wirfst den Ball über den Kopf, machst eine halbe Körperdrehung und fängst den Ball wieder auf.

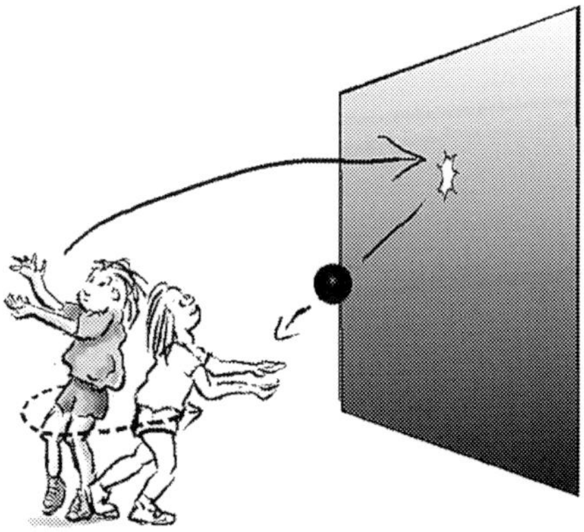

2. Du wirfst durch deine gegrätschten Beine, machst eine halbe Körperdrehung und fängst den Ball wieder auf.

3. Du wirfst den Ball hinter dem Rücken beidhändig ab, drehst dich schnell um und fängst den Ball wieder auf

- **Stehaufmännchen**

Du liegst auf dem Rücken und schaust dabei in Richtung zur Wand.

Du wirfst mit beiden Händen aus der Rückenlage den Ball an die Wand, stehst ganz schnell auf und fängst den Ball.

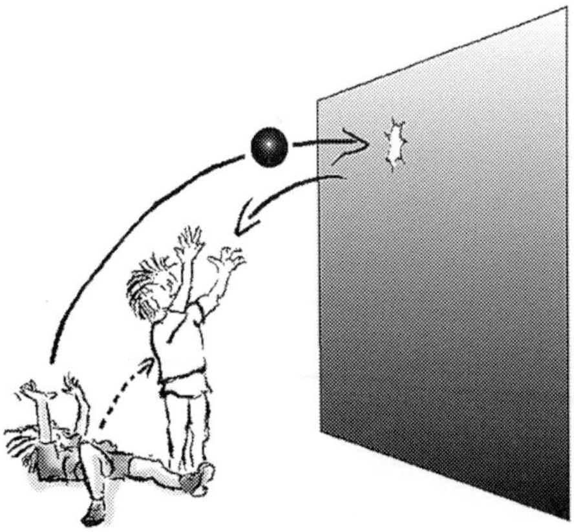

- **Ball-Artist**

Du wirfst den Ball gegen die Wand. Dann springst du mit gegrätschten Beinen über den auf dem Boden aufprellenden Ball, drehst dich blitzschnell um und versuchst, den Ball aufzufangen – bevor er zum zweiten Mal den Boden berührt.

- **Zehner-Ballprobe**

Der Ball wird gegen eine Wand geworfen und aus der Luft wieder aufgefangen. Zehn Aufgaben, mit verschiedenen Schwierigkeitsgraden, sind zu erfüllen (Í Die auf den vorhergehenden Seiten aufgeführten Aufgaben bieten Anschauungsbeispiele dafür.). Außerdem ist die geforderte Wiederholungsanzahl für die zehn Aufgaben unterschiedlich: Die leichteste muß zehnmal, die schwierigste hingegen nur einmal wiederholt werden.

Im folgenden stelle ich ein Beispiel für die Zusammenstellung von Aufgaben zu einer *'Zehner-Ballprobe'* vor.

[➪ Im **Anhang** sind die dazugehörigen zehn Arbeitskarten als Kopiervorlagen beigefügt. Möchte man andere Aufgaben verwenden, lassen sich entsprechende Arbeitskarten leicht selbst herstellen durch Vergrößern und Kopieren der Bildvorlagen

Beispiel:

Zehnmal = den Ball gegen die Wand werfen und wieder auffangen *('Ball an die Wand')*.

Neunmal = vor dem Auffangen zweimal in die Hände klatschen *('Selbstbeifall')*.

Achtmal = vor dem Auffangen einmal vor und hinter dem Körper klatschen *('Applaus vor und zurück')*.

Siebenmal = vor dem Fangen einmal in die Hocke gehen *('Erdberührung')*.

Sechsmal = vor dem Auffangen dreimal auf die Waden klatschen *('Wadenklatschen')*.

Fünfmal = vor dem Fangen eine Körperdrehung ausführen (*'Drehen vor Fangen'*).

Viermal = mit einer Hand werfen und auch nur mit einer Hand wieder fangen (*'Einhändig'*).

Dreimal = mit beiden Händen den Boden berühren und zweimal über dem Kopf klatschen (*'Runter und rauf'*).

Zweimal = durch die gegrätschten Beine rückwärts an die Wand werfen, drehen und fangen *('Mit dem Rücken zur Wand')*.

Einmal = den Ball gegen die Wand werfen, mit gegrätschten Beinen über den vom Boden aufspringenden Ball hüpfen, sich nach der Landung blitzschnell umdrehen und im Nachlaufen den Ball auffangen, bevor er ein zweites Mal den Boden berührt *('Ball-Artist')*.

Variationen:

1. Für ältere oder ballgewandtere Spieler können die Aufgaben durch kleine Änderungen auch schwieriger gestaltet werden. Beispiele:
   - Die Aufgaben – soweit möglich – mit der linken Hand ausführen.
   - Die Entfernung zur Wand steigern.
   - Unterschiedliche Bälle verwenden.
2. Jeder Spieler beginnt mit der nächsten Aufgabe erst, wenn ihm die vorhergehende in der entsprechenden Anzahl *fehlerfrei hintereinander* gelungen ist.
3. Zu zweit: Einer spielt, der andere zählt. Jeder spielt solange, bis er einen Fehler macht, dann werden die Rollen getauscht.

   Als Fehler gilt: der Ball wird fallengelassen; eine Aufgabe wird falsch ausgeführt oder sie wird nicht so oft ausgeführt wie vorgeschrieben.

Wer nach einem Fehler ausgesetzt hat, darf nachher bei der Aufgabe wieder einsetzen, bei der er den Fehler begangen hat.

„Sieger ist, wer ...“ – Regeln von den Spieler selbst vereinbaren lassen. (Mögliche Lösungen: „Wer ist zuerst fertig?“ „Wer kommt in einer vorher festgelegten Zeit weiter in der Zehner-Ballprobe?“)

4. Die Aufgaben können auch im Hinblick auf die verschiedenen Großen Sportspiele variiert werden.

   Beispiele:

   - Die Aufgaben mit einem Basketball ausführen.
   - Den Ball nur mit dem Fuß spielen.
   - Den Ball nur (volley) schlagen, ohne ihn zu fangen.

5. Die Kinder denken sich selber *'Zehner-Proben'* aus.

Hinweis:

Es empfiehlt sich sehr, die Aufgaben in vergrößerter Form schriftlich und bildlich an der Wand auszuhängen (siehe Anhang) oder aber – bei Partnerübungen (➪ vgl. oben 3. Variation) – sie in verkleinertem Maßstab zu vervielfältigen und jedem Team in die Hand zu geben (➪ vgl. Hinweis auf S. 110 sowie die ersten drei Seiten im Anhang).

6.2.4 Mit Bezug zu einem oder mehreren Partnern

- **Spieler-Umkreisung**

A steht in 2-3 m Abstand vor B.

A wirft seinen Ball hoch, läuft schnell um B herum und fängt den Ball vor der zweiten Bodenberührung.

Hinweis an die Übenden: „Findet den Abstand zwischen euch heraus, bei dem der Fänger den Ball gerade noch erwischen kann!“

- **Hoch mit dem Fänger**

B liegt auf dem Bauch. A, neben oder hinter B stehend, wirft den Ball hoch, so daß er vor B aufprellt. Das ist gleichzeitig das Signal für B, aufzuspringen und den Ball vor der zweiten Bodenberührung zu fangen.

- **Aufspringen aus der Rückenlage**

B liegt auf dem Rücken. A steht an dessen Kopfende.

A wirft den Ball über B hoch. Sobald der Ball die Hand von A verlassen hat, springt B auf und fängt den Ball.

Hinweis an A:

„Wirf den Ball – zumindest am Anfang – möglichst hoch, um B das Fangen zu erleichtern.“

- **Klemmball übern Kopf**

A im Strecksitz, B dahinter stehend.

A versucht, den zwischen seinen Füßen eingeklemmten Ball über den Kopf zu B zu spielen, so daß dieser fangen kann.

Hinweis an die Übenden:

„Verändert den Abstand zwischen euch."

- **Klemmball-Zuspiel**

A und B stehen sich in geringem Abstand gegenüber.

A versucht, den zwischen seinen Füßen eingeklemmten Ball genau zu B zu spielen.

- **Aufsetzer-Zuspiel**

A spielt ein indirektes Zuspiel zu B, das genau zunächst einmal, dann zwei- und zum Schluß dreimal auftippen soll.

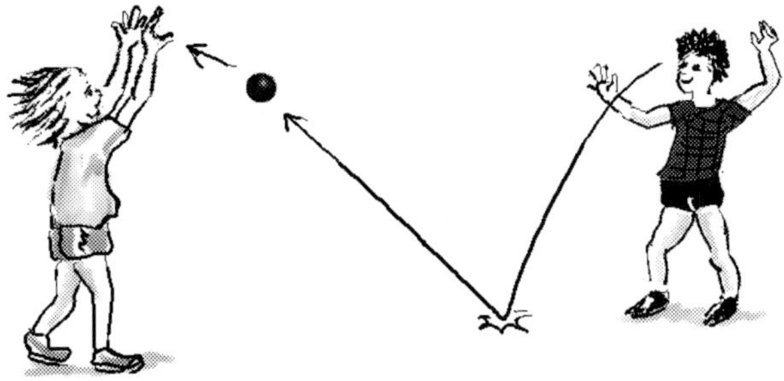

- **Zuspiel durch gegrätschte Beine**

  A wirft rückwärts durch seine gegrätschten Beine. B fängt, dreht sich und wirft ebenso zurück.

- **Zuspiel mit Hindernissen**

  Die Partner werfen sich den Ball *durch* oder *über* Hindernisse zu.

- **Fangen – drehen – werfen**

  A fängt das Zuspiel von B und dreht sich einmal um sich selbst. Dann spielt er zu B zurück.

- **Zahlen zeigen**

Sofort nach dem Zuspiel zu B zeigt A mit den Fingern einer Hand eine Zahl, die B vor dem Fangen wahrnehmen und nennen muß.

Hinweis:

Da die Aufgabe hohe Anforderungen an die Orientierungsfähigkeit stellt, sollte anfangs der Impuls gegeben werden: „Beschränkt euch zunächst auf die Zahlen von eins bis zwei oder bis drei."

- **Reaktionstest**

A und B im Abstand von ca. 5 m. B steht mit dem Rücken zu A.

A wirft den Ball zu B, dabei gleichzeitig „Los!" rufend. B dreht sich schnell um und fängt den Ball.

Super-Reaktionstest

A und B stehen mit dem Rücken zueinander (➪ Abstand 3-5 m).

A wirft den Ball über Kopf zu B, der den Ball nach einer halben Körperdrehung fangen soll. Als Signal für B zum Umdrehen gibt A zeitgleich beim Abwurf ein akustisches Zeichen („Jetzt!").

Zusatzaufgabe für 'Könner':

Beide Spieler haben je einen Ball.

Doppelzuspiel

A und B stehen sich im Abstand von 5-10 m gegenüber.

Beide haben je einen Ball und werfen ihn sich gleichzeitig zu:

1. Beide spielen direkt (vgl. Abb. 1).
2. Beide spielen sich Aufsetzerbälle zu (vgl. Abb. 2).

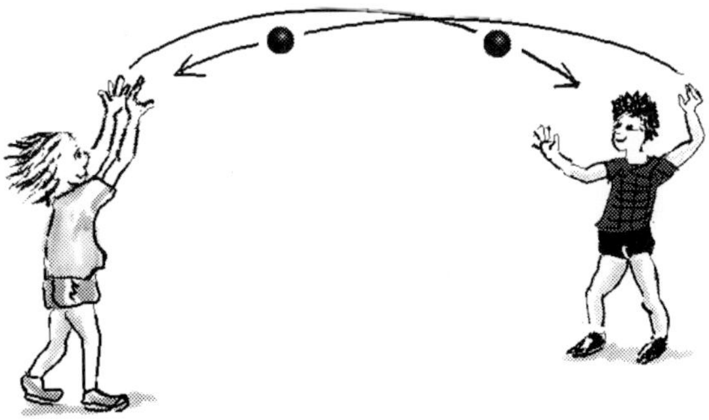

(1)

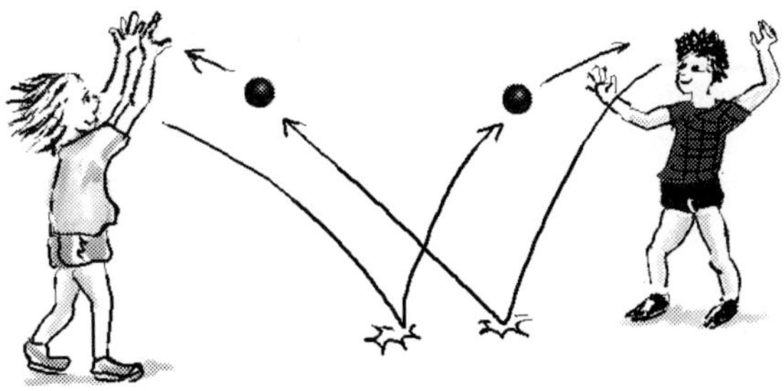

(2)

3. A spielt direkt, B einen Aufsetzerball (vgl. Abb. 3).

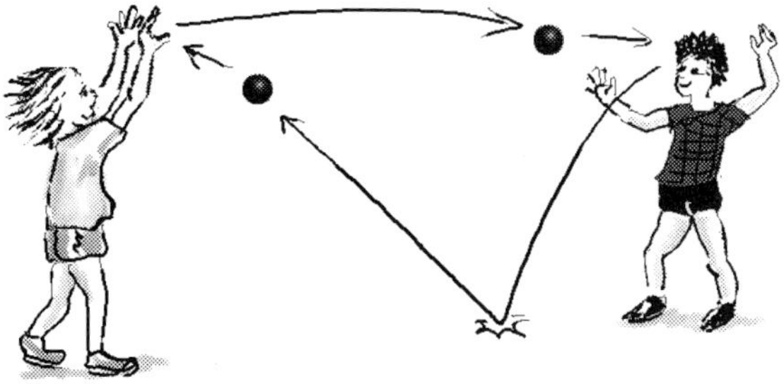

(3)

4. A wirft mit der Hand, B schießt mit dem Fuß zurück (vgl. Abb. 4).

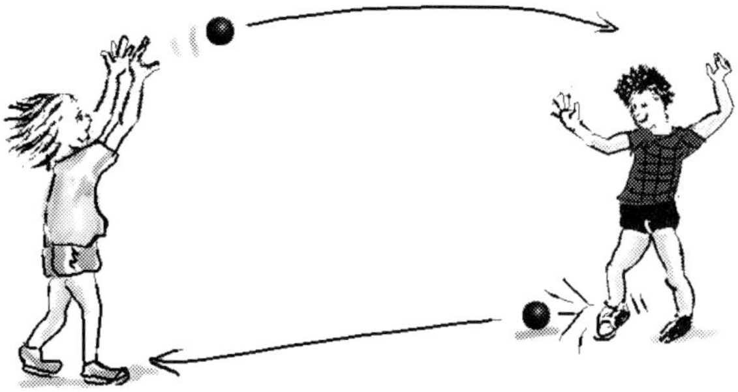

(4)

● Karambolage

A und B versuchen, ihre Bälle in der Luft zusammenstoßen zu lassen.

Hinweis an 'Könner': „Versucht, die Bälle möglichst genau in der Mitte zwischen euch – am höchsten Punkt der Flugkurve – zusammenstoßen zu lassen."

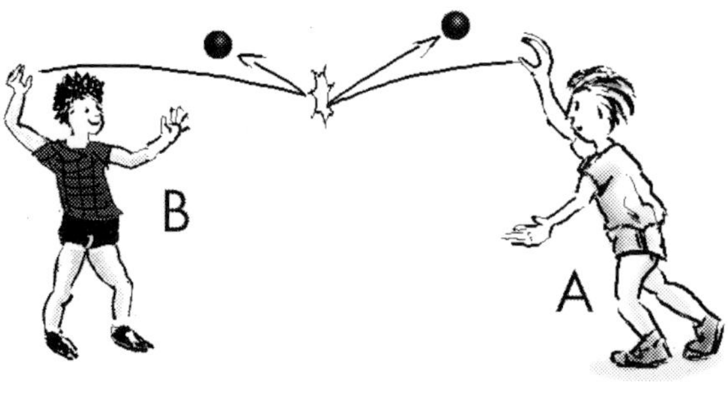

- **Kunststück**

A und B mit je einem Ball.

A spielt zu B, der, kurz bevor ihn das Anspiel erreicht, seinen eigenen Ball senkrecht in die Luft wirft. B paßt den Ball von A schnell zurück, um seinen eigenen Ball wieder aufzufangen.

(➪ Wichtiger Tip: „Ich darf meinen Ball erst hochwerfen, kurz bevor der zugespielte Ball bei mir ist.“)

- **Zwei auf einen**

Zu dritt mit zwei Bällen.

Alle drei Spieler stehen im Dreieck, im Abstand von jeweils 3-4 m.

A und B spielen abwechselnd einen Ball zu C, C spielt jeweils zurück. Langsam beginnen und den Rhythmus steigern.

Zusatzaufgabe für ‘Könner’: „Probiert die Aufgabe mit drei Bällen.“

Fünf-Stern

Fünf Spieler in Kreisaufstellung, anfangs mit einem Ball.

Der Ball wird immer in Uhrzeigerrichtung zum Übernächsten gepaßt.

Sobald die Idee verstanden worden ist, wird ein zweiter Ball hinzugenommen.

Beim dritten Ball fangen die ersten Probleme an, ab dem vierten Ball ... oder gar dem fünften ... ?! Es geht tatsächlich!

(➪ Tip: Weiche Bälle verwenden, um der Angst vor Kopftreffern entgegenzuwirken!)

Nummernabgeben

Gruppen mit je 4-6 Mitgliedern, die durchnumeriert werden. Alle Spieler der Gesamtgruppe bewegen sich im Raum umher.

Aufgabe: Den Ball sich in der Reihenfolge der Nummern zuspielen.

Zunächst können die Übenden (zur Eingewöhnung) am Platz stehen bleiben. Dann aber soll jeder Spieler immer in Bewegung bleiben (➪ mindestens: gehen!).

6.2.5 Mit einem Partner unter Einbeziehung der Wand

- **Fang von der Wand**

  A und B stehen ca. 2 m entfernt nebeneinander, im Abstand von 2-4 m zur Wand.

  A wirft gegen die Wand, B fängt den zurückprallenden Ball direkt aus der Luft. (➪ Mögliche Vereinfachung: Ball einmal auftippen lassen.)

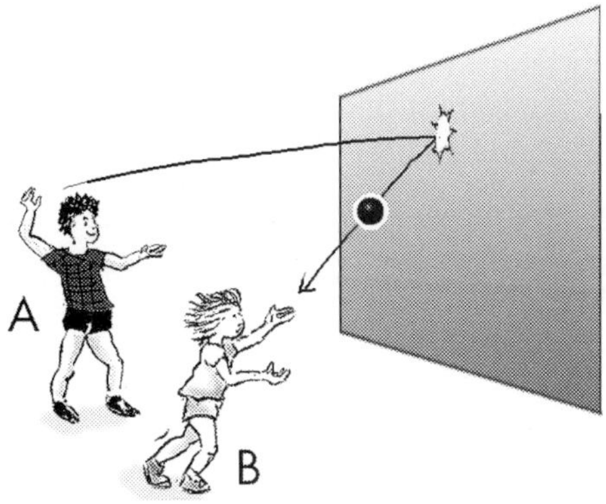

- **Fänger vor, Werfer zurück**

  A und B stehen *hintereinander* frontal zur Wand (Abstand des Vorderspielers zur Wand 2-3 m). Der vordere Spieler hat einen Ball.

  Der Vorderspieler wirft den Ball gegen die Wand und stellt sich dann sofort hinter seinen Partner, der den Ball fängt und gleich wieder wirft ...

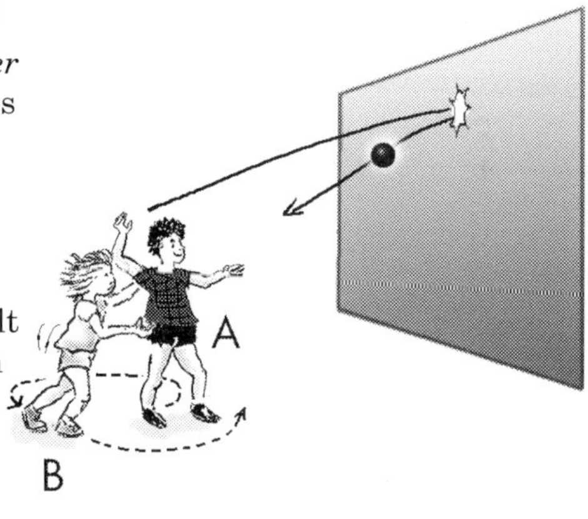

- **Ball von hinten**

  Umgekehrt: A und B hintereinander frontal zur Wand, der *hintere* Spieler hat einen Ball.

  Der Hinterspieler wirft den Ball über den vorderen hinweg, der den zurückprallenden Ball auffängt.

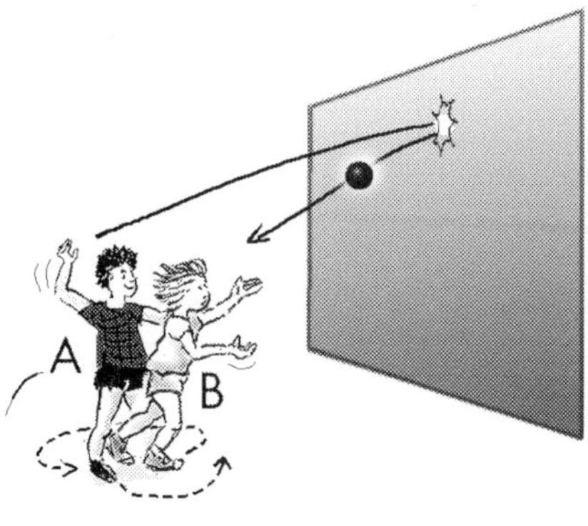

● Meinen werfe ich – deinen fange ich

A und B stehen nebeneinander frontal zur Wand (➪ Abstand zwischen beiden ca. 2-3 m), beide haben einen Ball.

Beide werfen gleichzeitig ihren Ball so gegen die Wand, daß der Partner ihn fangen kann.

6.3 Übungsformen – Ball rollen

Bewegungsbeschreibung des Rollens

Schrittstellung und weites Ausholen des Schwungarmes. Die Hand bleibt lange am Ball und läßt ihn erst am Boden wegrollen; der Ball darf dabei nicht springen.

6.3.1 Rollen des Balls am oder vom Ort – ohne Bewegung des Übenden

- **Körperumkreisung**

  Strecksitz: Ball um sich herumrollen.

- **Schienen-Ball**

  1. Strecksitz: Die Beine bilden eine Schiene, auf der der Ball beim Heben und Senken der Beine vor- und zurückrollt (vgl. Abb. 1).
  2. Dasselbe auch auf den aneinandergelegten Armen (vgl. Abb. 2).
  3. Den Ball auf dem Rücken herunterrollen lassen und auffangen (vgl. Abb. 3).

(1)

(2)

(3)

- **Kraft-Roller**

  Liegestützstellung: Eine Hand wird jeweils zum Hin- und Herrollen des Balls angehoben.

  (➪ Der Körper ist dabei gestreckt – kein Hohlkreuz!)

- **Zielrollen**

  Bälle auf bzw. in ein Ziel rollen (= „Kegeln!").

- **Partnerübungen**

  1. Sich zurollen im Grätschsitz (vgl. Abb. 1);
  2. in der Bauchlage;
  3. im Stand rückwärts durch die Beine.
  4. Ein Partner bildet mit seinem Körper verschiedene Brücken. Der andere rollt den Ball durch die Brücke hindurch (vgl. Abb. 2).

(1)

(2)

- **Bau einer Ball-Rollbahn**

Gruppen mit 2-4 Kindern.

Grundidee:

Die Gruppen sollen verschiedene Bahnen zum Ballrollen konstruieren, wobei sich jeweils zwei Schüler den Ball entweder über oder durch Hindernisse zurollen (= Form A).

Eine andere Möglichkeit ist (= Form B), daß der Ball vom einzelnen Schüler auf bzw. in ein Ziel gerollt wird. (➪ Die Gruppenleistung besteht hierbei lediglich im gemeinsamen Erfinden und Aufbauen der Zielstation.)

Form A: „Zwei Partner sollen sich den Ball durch/unter/über Hindernisse zurollen."

Beispiele:
- Sich den Ball über eine Bank zurollen.
- Sich den Ball durch die Beine eines Bocks zurollen.
- Sich den Ball durch Kastenteile zurollen.

Form B: „Die Bahn soll so gebaut werden, daß der Ball Hindernisse überwinden oder durchqueren muß, bevor er ins Ziel trifft. Jeder übt für sich allein an der gemeinsam gebauten Ball-Rollbahn."

Beispiele:
- Den Ball über die Sitzfläche einer Bank rollen, bevor er in einen umgedrehten kleinen Kasten hineinfällt.
- Den Ball von einer schrägen Bank herunterrollen und ein Sprungbrett überwinden lassen, bevor er auf ein Zielhütchen trifft (vgl. Abb. 1).

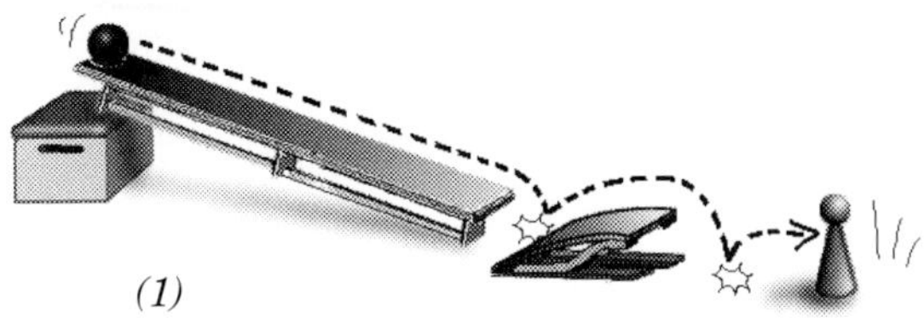

(1)

– Den Ball so gegen eine Wand rollen, daß er nach dem Zurückprallen durch zwei Kastenteile rollt und zum Schluß ein Hütchen trifft (vgl. Abb. 2).

(2)

Hinweise:

- Eine Doppelstunde sollte für diese Aufgabenstellung gegeben sein.
- Nachdem jede Gruppe ihre Rollbahn aufgebaut und ausgiebig daran geübt hat, bietet sich das Üben im Stationsbetrieb an. D.h., daß die Gruppen reihum nacheinander die Rollbahnen der anderen erproben.
- Für jede Form Anschauungsbeispiele demonstrieren!
- Die Aufgabe ist geeignet bis zur 4. Klasse.

6.3.2 Rollen des Balls mit Bewegung des Übenden

- **Balltreiben**

Ball nach vorn aus der Hand rollen, neben dem Ball herlaufen und ihn mit der Hand 'antreiben'.

Zusatzaufgaben:

1. Dasselbe: Ball um eine Slalomstrecke rollen (vgl. Abb.).
2. Mit zwei Bällen gleichzeitig.

- **Fuß-Roller**

Den Ball mit dem Fuß rollen. Verschiedene Teile des Fußes benutzen: Zehen, Spann, Fußsohle, Innen- und Außenrist, Hacke.

- **Mit verschiedenen Körperteilen**

Der Ball wird (eventuell auch: um eine Slalomstrecke) mit verschiedenen Körperteilen im Wechsel gerollt.

Z.B. mit der rechten Hand, dann mit dem linken Fuß, mit der rechten Hand, ...

- **Ballstop**

Ball zu einer Ziellinie rollen, hinterherlaufen und ihn einholen, bevor er diese berührt.

Der Ball soll auf verschiedene Weise gestoppt werden:

1. mit der Hand
2. mit dem Fuß
3. mit dem Po (vgl. Abb. 1)
4. mit dem Bauch
5. mit dem Kopf (vgl. Abb. 2)

(1)

(2)

- **Hand-Roller**

Rollenden Ball überholen, halbe Drehung machen und den Ball auf die Hand rollen lassen.

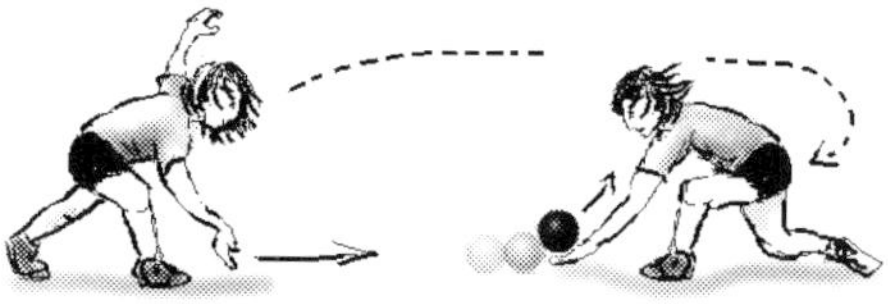

- **Satellit**

Den Ball anrollen, ihm nachlaufen und ihn so oft wie möglich umkreisen („wie ein Satellit die Erde“).

- **Tunnelball**

Rollenden Ball überholen, durch die gegrätschten Beine rollen lassen, wieder überholen ...

Zusatzaufgabe:

„Schaffst du es mit *einem* Anrollen, den Ball mindestens fünfmal durch deine Beine rollen zu lassen?“

- **Banden-Rollen**

  Der Ball wird so in die Hallenecke gerollt, daß er zwei Wände berührt und anschließend wieder aufgefangen werden kann.

- **Partneraufgabe**

  Zwei Partner bewegen sich im Raum (im Gehen oder Laufen) und rollen sich den Ball zu.

  Hinweis:

  Zunächst die Aufgabe in der Gasse ausführen lassen. Zur Aufgabenerschwerung: Alle Übenden bewegen sich beliebig durcheinander im Raum.

Literatur zum Thema 'Ball'

Im folgenden wird nur auf Literatur hingewiesen, die für unmittelbare, praktische Unterrichtszwecke hilfreiche Anregungen gibt.

AUERNHEIMER, A.: Ich spiele mit dem Ball. Bonn 1971[3]

BISCHOFF, K.: Spiel und Sport mit dem Ball. Düsseldorf 1966

DIETRICH, J.: Grundausbildung für die Sportspiele. In: DIETRICH, K. (Hg.): Sportspiele 1985

FREY, J.: 'Handball'-Kunststücke. In: sportpädagogik 6/91, S. 28-34

GRÜTER, F.-J.: Der Ball. Ein Spielmittel zur Verbesserung von Koordination und Sozialverhalten. In: Spielmittel 3/83, S. 37-40

HOLZAPFEL, B.: Spiele mit dem Ball. In: Rhythmik in der Erziehung 3/82, S. 6-10

KELLER, R. ballspielen lernen. Zürich 1991

MARX, E.: Die Ballfibel für Schule und Verein. Hamburg 1960

MÜLLER, O.: Wir spielen Ball. In: Welt der Schule / Ausgabe Grundschule 9/70, S. 351-359

PAPE, H. / RECKE, K.: Bälle. Ihre Eigenschaften und was man mit ihnen machen kann. In: Die Grundschule 10/77, S. 466-468

ROTH, K. / SCHUBERT, R.: Koordinationstraining. In: SCHUBERT, R. / OPPERMANN, H.P. / SPÄTE, D.: Handball Handbuch 1 – Spielen und Üben mit Kindern, Münster 1987

SCHMIDT, M.: Ballübungen mit dem Partner. In: Lehrerjournal – Grundschulmagazin 10/89, S. 35-36

SELNAR, P.: Wir prellen mit dem Ball. In: Grundschulmagazin 2/92, S. 29-31

SEYBOLD-BRUNNHUBER, A.: Üben und Spielen mit dem Ball. Frankfurt a.M. 1962

Anhang

Arbeitskarten (Kopiervorlagen)

für

Zehner-Ballprobe u.a.

Hinweis:

Auf der folgenden Seite sind alle zehn Aufgaben der *'Zehner-Ballprobe'* und sieben weitere Kopiervorlagen abgebildet.

Möchte der Lehrende die Aufgabenübersicht für einen 'Partnerwettkampf' verwenden (vgl. 3. Variationsform auf S. 87), ist folgendes Vorgehen zum Sparen von Papier und Kopierkosten empfehlenswert:

Jedes Partner-Team erhält eine Fotokopie, die in einer Klarsicht-Aktenhülle steckt, sowie zwei verschiedenfarbige Filzstifte.

Beide Partner schreiben ihre Ergebnisse auf die Folie; anschließend wird das Geschriebene einfach wieder weggewischt.

(➪ Auf diese Weise können die Kopien theoretisch beliebig oft wiederverwendet werden!)

Zehner-Ballprobe

Ball gegen die Wand

Wirf den Ball gegen die Wand und fang ihn wieder auf.

Wiederhole ➪ **10**mal.

Applaus vor und zurück

Wirf den Ball gegen die Wand und fang ihn wieder auf.

Klatsch abwechselnd je einmal zuerst *vor* und dann *hinter* dem Körper in die Hände.

Wiederhole ➪ **8**mal.

Selbstbeifall

Wirf den Ball gegen die Wand und fang ihn wieder auf.

Klatsch vor dem Auffangen *zweimal* in die Hände.

Wiederhole ➪ **9**mal.

In die Hocke gehen

Wirf den Ball gegen die Wand. Vor dem Fangen des Balls sollst du in die Hocke gehen und mit beiden Händen einmal den Boden berühren.

Wiederhole ➪ **7**mal.

Wadenklatschen

Wirf den Ball gegen die Wand. Klatsch mit den Händen zwei- oder dreimal auf deine Waden vor dem Auffangen.

Wiederhole ➪ **6**mal.

Drehen vor Fangen

Wirf den Ball gegen die Wand und fang ihn wieder auf.

Dreh dich vor dem Auffangen einmal um dich selbst.

Wiederhole ➪ **5**mal.

Einhändig

Wirf den Ball mit einer Hand gegen die Wand und fang ihn mit der gleichen Hand wieder auf.

Wiederhole ➪ **4**mal.

Runter und rauf

Wirf den Ball gegen die Wand. Vor dem Fangen sollst du zuerst *einmal* den Boden mit den Händen berühren und dann *zweimal* über deinem Kopf in die Hände klatschen.

Wiederhole ➪ **3**mal.

Mit dem Rücken zur Wand

Du wirfst durch deine gegrätschten Beine, machst eine halbe Körperdrehung und fängst den Ball wieder auf.

Wiederhole ➪ **2**mal.

Ball-Artist

Du wirfst den Ball gegen die Wand. Dann springst du mit gegrätschten Beinen über den auf dem Boden aufprellenden Ball, drehst dich blitzschnell um und versuchst, den Ball aufzufangen – bevor er zum *zweiten Mal* den Boden berührt.

Wiederhole ➪ **1**mal.

Ball gegen die Wand

Wirf den Ball gegen die Wand
und fang ihn wieder auf.

Wiederhole ➪ **10**mal.

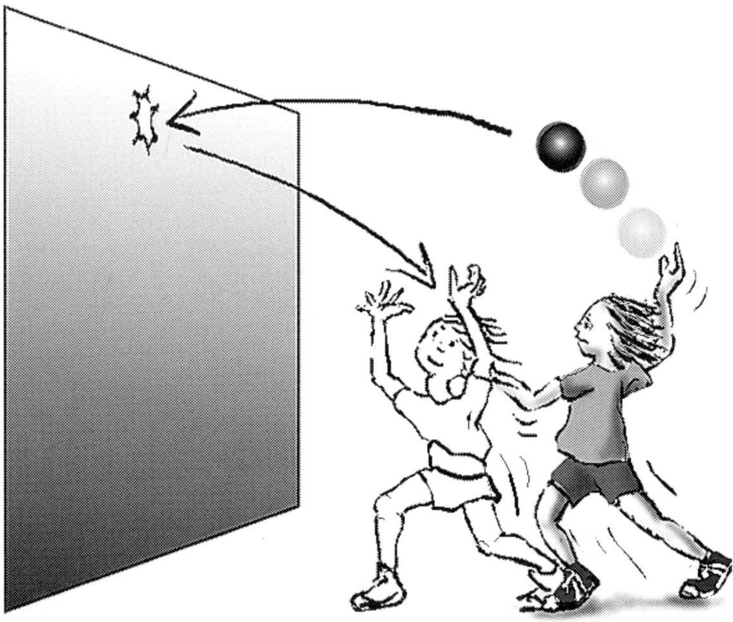

Selbstbeifall

Wirf den Ball gegen die Wand
und fang ihn wieder auf.

Klatsch vor dem Auffangen *zweimal* in die Hände.

Wiederhole ➪ **9**mal.

Applaus vor und zurück

Wirf den Ball gegen die Wand
und fang ihn wieder auf.

Klatsch abwechselnd je einmal zuerst *vor* und dann *hinter* dem Körper in die Hände.

Wiederhole ➪ **8**mal.

In die Hocke gehen

Wirf den Ball gegen die Wand. Vor dem Fangen des Balls sollst du in die Hocke gehen und mit beiden Händen einmal den Boden berühren.

Wiederhole ➪ **7**mal.

Wadenklatschen

Wirf den Ball gegen die Wand. Klatsch mit den Händen zwei- oder dreimal auf deine Waden vor dem Auffangen.

Wiederhole ➪ **6**mal.

Drehen vor Fangen

Wirf den Ball gegen die Wand
und fang ihn wieder auf.

Dreh dich vor dem Auffangen einmal um dich selbst.

Wiederhole ➪ **5**mal.

Einhändig

Wirf den Ball mit einer Hand gegen die Wand und fang ihn mit der gleichen Hand wieder auf.

Wiederhole ➪ **4**mal.

Runter und rauf

Wirf den Ball gegen die Wand. Vor dem Fangen sollst du zuerst *einmal* den Boden mit den Händen berühren und dann *zweimal* über deinem Kopf in die Hände klatschen.

Wiederhole ➪ **3**mal.

Mit dem Rücken zur Wand

Du wirfst durch deine gegrätschten Beine, machst eine halbe Körperdrehung und fängst den Ball wieder auf.

Wiederhole ➪ **2**mal.

Ball-Artist

Du wirfst den Ball gegen die Wand. Dann springst du mit gegrätschten Beinen über den auf dem Boden aufprellenden Ball, drehst dich blitzschnell um und versuchst, den Ball aufzufangen – bevor er zum *zweiten Mal* den Boden berührt.

Wiederhole ➪ **1**mal.

Zwischenklatscher

Wirf den Ball (als Rechtshänder) mit *links* gegen die Wand. Klatsch vor dem Auffangen des Balls *einmal* in beide Hände.

Einhändig umgekehrt

Wirf den Ball mit einer Hand gegen die Wand. Fang den Ball mit einer Hand wieder auf – aber mit der anderen!

Ball gegen die Wand

Wirf den Ball gegen die Wand und fang ihn wieder auf. Steigere die Entfernung von der Wand: Wie weit kannst du zurückgehen?
Probier es auch mit links.

Stehaufmännchen

Du liegst auf dem Rücken und schaust dabei in Richtung zur Wand. Du wirfst mit beiden Händen aus dieser Stellung den Ball an die Wand, stehst schnell auf und fängst den Ball.

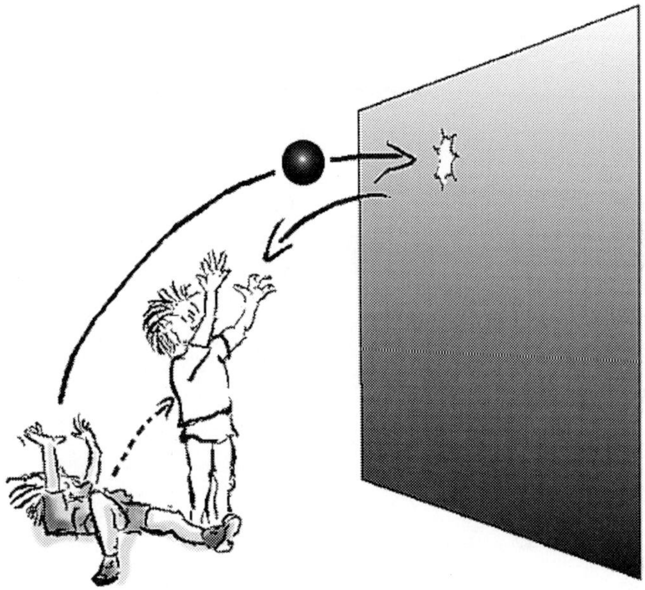

Rückenwurf

Du stehst mit dem Rücken zur Wand. Du wirfst den Ball mit beiden Händen hinter deinem Rücken in Richtung Wand, drehst dich schnell um und fängst den Ball wieder.

Rückwärts über Kopf

Du stehst mit dem Rücken zur Wand. Du wirfst den Ball über deinen Kopf mit beiden Händen gegen die Wand, machst eine halbe Körperdrehung und fängst den Ball wieder auf.

Erdberührung

Wirf den Ball gegen die Wand. Vor dem Auffangen des Balls sollst du *einmal* mit beiden Händen den Boden berühren.

Hoch das Bein

Wirf den Ball unter deinem angehobenen Bein hindurch an die Wand und fang den Ball wieder auf. Schaffst du es auch, den Ball mit nur *einer* Hand wieder aufzufangen?

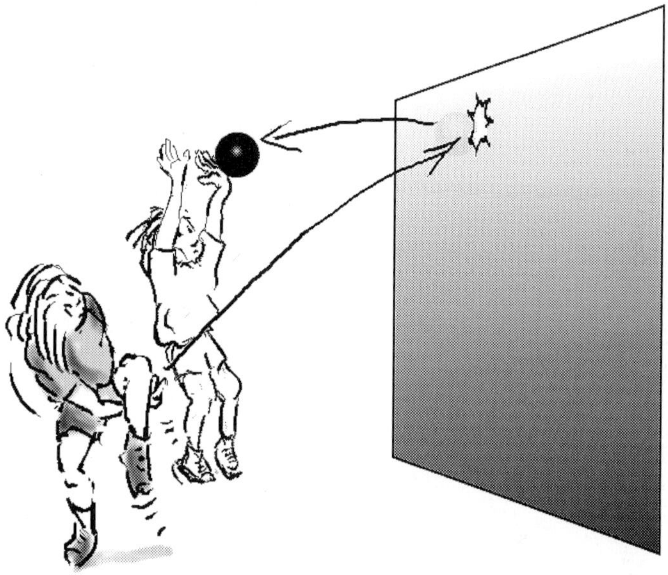